JN206591

どうして、もっと怒らないの？

生きづらい「いま」を生き延びる術は
障害者運動が教えてくれる

荒井裕樹対談集

現代書館

どうして、もっと怒らないの？

＊目次

序

「どうして君は、もっと怒らないの？」

忘れられてほしくない事実を、少しかしこまって書くところから、はじめたいと思います。

かつて、私たちが生きるこの国では、障害者たちが理不尽な差別に対して怒り、身体を張って闘ったことがありました。そうした障害者たちの闘いから、いま、私たちが生きていくために必要なことを学びたい。

それが、この本の目的です。

■不寛容さの時代

二〇一〇年代（以下、一〇年代）という時代を語る際、「不寛容」という言葉が重要なキーワードとして、しばしば話題にのぼります。自分と異なる意見をもつ人びとや、マイノリティと呼ばれる人びとに対する「不寛容」な価値観が、世界各地で噴出しています。

日本に限ってみても、この一〇年代の間に、生活保護受給者へのバッシング、在日外国人へのヘイト、性的少数者への差別問題、女性に対する性暴力や差別的待遇、新基地建設をめぐって無視され続ける沖縄の民意、入国管理局による外国人への人権侵害、劣悪な環境で働かされる外国人技能実習生、相模原障害者殺傷事件――などが立て続けに表面化しました。

しかし、また一方で、こうした差別や人権侵害に対して毅然と立ち向かう人びとの環が広がったことも、この時代の特徴かもしれません。性暴力の被害者たちが声をあげた「#MeToo」が世界的規模で広がり、女性の尊厳を傷付けることへの「怒り」が一つの潮流になったように、様々な方面で理不尽な価値観と闘う意志を掲げた人たちが登場しました。

おそらく一〇年代は、マイノリティへの不寛容な価値観と、そうした価値観に怒りと危機感をつのらせる潮流とがぶつかりあった時代として、後世の人たちから振り返られることになるでしょう。

いま、社会の理不尽な不寛容さに抗おうとする人たちの運動には、ある種の衝動めいたものが感じられます。「憎悪表現」への法規制などのように、かたちある成果を求める意見もありますが、それ以上に、人びとが声をあげる動機の核心部分には、なにか「根源的なもの」——例えば「人間の尊厳」といったもの——が摩耗していくことへの苛立ちが潜在しているように思われるのです。

日本で障害者運動が熱く激しく燃え上がった一九七〇年代（以下、七〇年代）にも、実は似たような傾向が見られました。当時の運動の現場でも、具体的な法制度を求めるというより、自分の存在を不当に低く抑え込み、生きる幅を狭めようとする社会の常識や価値観そのものをぶち壊したいという衝動が煮えたぎっていました。

本書で取り上げる障害者運動、特に話題の中心になる日本脳性マヒ者協会青い芝の会の闘いは、その象徴的な事例かもしれません。

■かつて「生きづらさ」に抗った人たち

青い芝の会とは、一九五七年に結成された脳性マヒ者たちによる運動団体です。特に一九七〇〜八〇年代を中心に、障害者差別に対する激しい抗議行動を繰り広げたことで有名になりました。

彼らは、障害者に生きる場を与えようとしない社会に対して猛烈に怒り、「あなたたちは障害者の存在をどのように受け止めるのか」と厳しく問い詰めました。そして「障害者とともに生きるとはどういうことか」について、社会に生きる一人ひとりが考えることを求めました。

こうしたラディカルな問題提起は、七〇年代〜八〇年代を中心に、障害者運動の現場で大きな影響力をもちました。しかし、九〇年代にいたると、運動の現場では、日々の生活や社会参加を保障する具体的な法制度を獲得しようとする路線が主流となっていきました。実際、この時期には多くの社会資源が整えられたので、それ自体は極めて有意義なことだったのですが、一方で、青い芝の会のように理念を重んじる運動は、現実的なビジョンを欠いた主張と受け取られ、顧みられることが少なくなったように思います。

しかし、一〇年代後半にいたり、ソーシャルメディアなどの場では、青い芝の会の存在がたびたび話題に上がりました。格安航空会社で車椅子利用者に対する搭乗拒否（バニラ・エア問題、第一話＊14）が起きた際には、青い芝の会の川崎バス闘争（第一話一七頁）が引き合いに出され、相模原障害者殺傷事件（第三話＊1）が起きた際には、同会が叫んだ障害者殺し批判を参照する人たちがあらわれました。

七〇年代とは比較にならないくらい法制度が整えられた一〇年代に、かつて「根源的なもの」を問い直そうとした言葉が注目されている。しかも、七〇年代には一部の障害者にしか支持されなかった青い芝の会の主張が、障害の有無を超えて、「生きづらさ」に抗おうとする人たちから参照されている。

もしかしたら、約半世紀前に障害者たちが直面していた「生きづらさ」を、いま、障害者以外の人たちも感じているのかもしれません。だとしたら、かつて「生きづらさ」に怒った障害者たちの、その「怒り」から、いま私たちが直面する「生きづらさ」に抗う術を学ぶことができるかもしれない。

そんなことを考えるために、この本では、各界の第一線で活躍している方々と語り合ってみました。

■本書で語り合った人たち

七〇年代の障害者運動、特に青い芝の会の闘いに学ぶといっても、同会は全国に支部があり、各支部がそれぞれに個性的な運動を展開しました。そこで本書は論点を絞るために、とある人物に注目することにしました。それが横田弘さん（第一話＊4）です。

横田弘さんは、青い芝の会神奈川県連合会を牽引した運動家です。わかりやすく紹介すれば、「障害者差別に最も厳しく怒った人」ということになるでしょうか。青い芝の会の運動理念を記した「行動綱領」（第二話＊2）を起草し、七〇〜八〇年代の運動家たちに大きな影響を及ぼしました。約四〇年間にわたって運動の現場に立ち続け、「障害者とともに生きる意味」について、広く深く問いかけ続けた人物です。

もちろん、横田弘という一人物が七〇年代の障害者運動を代表しているわけではありませんし、ご本人もそのような捉え方をされることを嫌がっていました。しかし、横田さんが闘ったものについて考えていると、いつの間にか、私たちが現在進行形で抱えている「生きづらさ」について考えていることがあります。つまり、それだけ、「いま」に響くなにかがあると思うのです。そうした事柄について、本書に登場する六名の方々とともに語り合い、不寛容さに満ちた世界を生き抜く希望を学びたいと思います。

ここで、各話の説明をします。

第一話「運動はすぐそばにある――本当に『障害者は自分の人生に関係ない』と言えるか」では、編集者・ライターの九龍《くーろん》ジョーさんとお話ししました。障害者運動についてあまりご存じないという方は、どうぞこの章からお読みください。

九龍さんは大学在学中、横田弘さんたちが運営していたグループホームで介助ボランティアを経験しています。その思い出話を交えながら、青い芝の会の運動と、現代の社会問題との関係性について話し合いました。

多くの人は「障害者に関わる事柄は福祉の専門家が担うべき」と考えています。しかし、横田さんたちは、すぐそばにいる若者らを障害者との関わりの場に巻き込み続けました。長期的に考えれば、こうした試みが社会を耕すことへとつながっていくのだと思います。障害者と密な付き合いをした経験をもつ人の層が厚くなれば、障害者と関わった経験を通じて社会を考える人が増えるわけですから、ゆくゆくは障害者自身の生きやすさへと跳ね返ってくるからです。

横田さんたちが、ここまで明確な見通しをもっていたかは定かではありませんが、彼らの「人びとを巻き込む活動」が、九龍さんのように広い視野と知見をもつ人物を社会へと送り出すことにつながったのだと思います。

第二話「『善意』と闘うことは『悪意』と闘うことより難しい」では、DPI日本会議事務局長（対談当時）で、脳性マヒ当事者の尾上浩二さんとお話ししました。かつて青い芝の会の主張は、あまりにも過激だとして多くの人から敬遠されたのですが、同じ境遇にある障害者の一部には鮮烈な解放感をもって受け止められました。尾上さんも、そのお一人です。

尾上さんは、七〇年代末に青い芝の会に参加されて以来、長らく障害者運動の第一線で活躍されています。青い芝の会と出会ったときの思い出から、今後の運動の課題まで、幅広くお話をうかがいました。

この対談は、私にとって一つの転機になったように思います。特に、尾上さんがおっしゃった「日本の障害者運動の強みって、なにか高邁な理想をもっている人間だけが社会運動をするのではないということを、理念としてだけでなく実態として示したところにある」（第二話六九頁）というご指摘は、その後マイノリティ運動について研究を進めていく上で貴重な参照軸になりました。

私自身、障害者運動などの社会運動は、なにか「崇高なもの（であるべき）」と捉えていました。しかし、そうした認識では、マイノリティ運動に底流する人間の情念をうまくつかむことができません。尾上さんとお話しさせていただいて、そのことに気付くことができました。

第三話「『いのち』を支える言葉たち」では、NPO法人ALS／MNDサポートセンターさくら会の川口有美子さんとお話ししました。

下北沢の名物書店B&Bで行われたトークイベントなので、本が好きな人たちに楽しんでもらえるように、「言葉」という切り口から障害者運動のことを話し合いました。障害者運動についてあまりご存じない方は、九龍さんの対談とともに、こちらからお読みいただくことをおすすめします。

川口さんのご活動は、狭義では「ALS（筋萎縮性側索硬化症）患者の支援」ですが、広義では、「人が人と関わりながら社会のなかで生きること」を肯定しようとする「生存運動」だと言えます。その意味で川口さんのご活動も、横田弘さんたちの運動と通じるところがあります。

本書収録の対談中、実は最も話題が多岐にわたり、かつ重く深刻な話をしているのですが、川口さん特有の語り口もあって、会場には笑いが飛び交いました。深刻な言葉にも、ほのかな光を織り込める、川口さんのしなやかなお人柄を感じた時間でした。

第四話「『映画』を通して『思想』は鍛えられた——『さようならCP』をめぐって」では、映画監督の原一男さん、映画プロデューサーの小林佐智子さんと、映画『さようならCP』（疾走プロダクション、一九七二年）についてお話ししました。かなり専門的な部分にも話が及びますので、本書のなかでは「上級者向け」かもしれません。

この映画は青い芝の会神奈川県連合会を追ったドキュメンタリーで、横田弘さんが主人公のようなかたちで登場します。一九七〇年代、自主上映活動を通じて、障害者運動の波が全国各地へと伝わっていきました。

原監督のお話をうかがうと、監督が横田さんを撮ったことは決して偶然でなく、そこには歴史的な必然性があったことがわかります。一九六〇年代、まだ障害者運動がはっきりとした輪郭をもたず、混沌としていたような時期から、原監督は障害者を写真に撮り続け、後に運動の現場で活躍する人たちと出会っています。

『さようならCP』は、障害者運動の火付け役となった映画であると指摘されているのですが、どうやらそれだけでは不十分なようです。学術的にも、今後、更なる調査・研究をすすめなければならない一作です。

第五話「『ポスト相模原事件』を生きる」では、政治学者の中島岳志さんとお話ししました。会社員が多く訪れる八重洲ブックセンターでのトークイベントなので、政治情勢や社会状況にも話が及びました。

七〇年代に横田弘さんたちがまとめた思想を、私は「障害者」や「マイノリティ」という限られた範囲でしか捉え切れていなかったのですが、博覧強記たる中島さんに導いていただいたことで、安倍政権下での右派ナショナリズムの台頭から、親鸞の「悪人正機」に至るまで、幅広くお話しすることができました。

中島さんとのお話で思い出深いのは、横田さんの「文学者」としての側面をお話しできたことです。横田弘というと、どうしても「過激な運動家」といったイメージで捉えられてしまうのですが、彼は運動家であると同時に詩人でもありました。

この対談では「九九対一」の話をしています。「九九」に対応するのが政治や社会運動なら、「一」に向き合うのが文学ではないか。そして横田弘さんは、この「一」への想像力を備えていたと思うのです。

■「怒り」でしか守れないもの

私が知る最晩年の横田さんは、「どうして、みんな、もっと怒らないのかな」とよくおっしゃっていました。もちろん、その「みんな」には私も含まれていて、「どうして荒井君は、もっと怒らないの?」と何度か問われたことがあります。いまから思えば、その問いかけは、未熟な私に向けて「人間の尊厳が目減りしていくことへの危機感が足りない」と、諭してくださっていたように思います。

「怒り」という感情は、往々にして嫌われます。冷静さを欠いた暴力的な感情だと思われがちです。しかし、横田さんたちの運動は、どん底にまで追い込まれたマイノリティにとって、最後に残された自己表現が「怒り」であったことを物語っています。

そうした切実な「怒り」を嘲笑したり、あまつさえ悪者扱いしたりする論調は、往々にして、社会問題を安全地帯から眺めていたいマジョリティの側から――あるいはマジョリティ側にいたいと願う人たちの側から――出てきます。こうした不気味な冷ややかさに対して、この世界には「怒りでしか守れないもの」があることを全身全霊で訴えたのが、七〇年代の障害者運動でした。

横田さんたちの「怒り」は、ともに生きるための問題提起でした。異なる事情をもつ人びとがともに生きていくためには、決して踏み込んではならない一線がある。それを守るために、人には怒らねばならないときがある。重度障害者という立場から、社会そのものを向こうに回してまでそう叫んだのが、横田弘さんだったのだと思います。

いま、私たちには、こうした「まっとうな怒り」が、あらためて必要とされているように思われてなりません。「人間の尊厳」が、あまりにも安易に軽んじられてしまう現在だからこそ、この本を手に取ってくださった方々とともに、「まっとうな怒り」を分かち合っていきたいと願っています。

第一話

運動はすぐそばにある
——本当に「障害者は自分の人生に関係ない」と言えるか

対談者・九龍ジョー

青い芝の会[*1]とは、脳性マヒ者による障害者運動団体です。同団体は一九七〇～八〇年代に、バスジャックや座り込みなど、「過激」とも言われるような運動を行い、「強烈な自己主張」を行ってきました。学生時代に彼ら／彼女らに出会い、ともに過ごした荒井裕樹さんと九龍ジョーさんお二人の視点を通し、この運動が社会のなにを変えていったのかを振り返るとともに、その思想に触れていきます。

■青い芝の会とはなにか？

――「保育園落ちた日本死ね!!!」と保育園の現状を訴えれば「言葉づかいが悪い」と言われ、国会議員のLGBTへの差別発言に対してデモをすると「デモは意味がない」と冷笑される。不満を口にしたらバッシングされてしまう状況が、SNSによって可視化されています。そんななか、「強烈な自己主張を行う」と宣言した青い芝の会の活動を見直したいと思いました。彼ら／彼女らが激しい運動をしていた頃から二〇年以上たち、当時学生だった荒井裕樹さんと九龍ジョーさんはそれぞれのきっかけで青い芝の会に出会い、その歴史と思想に触れていきます。この対談では、お二人の視点を通して青い芝の会について知りたいなと思うのですが、まずどのような団体だったのかについて、簡単に解説をしていただけないでしょうか。

荒井　簡単に言うと、青い芝の会というのは、脳性マヒ（CP：Cerebral Palsy）者による運動団体です。脳がなんらかの原因で損傷を受けて、その後遺症として、身体や言語の機能に障害が生じるのが脳性マヒです。障害の程度は個人差が大きくて、寝たきりの人もい

1　青い芝の会：正式名称「日本脳性マヒ者協会青い芝の会」。
　日本初の公立肢体不自由児学校である東京市立光明学校（現在の都立光明特別支援学校、第二話＊4）の卒業生だった山北厚、高山久子、金沢英児を発起人に、一九五七年一一月三日、東京都大田区の矢口保育園で発足。初代会長は山北厚。

　会の発足の目的は、苦しい状況におかれた脳性マヒ者たちの仲間づくりと、その状況を人びとに理解してもらうためのアピールの場をつくることで、主な活動内容は、レクリエーションの企画・運営、お茶飲み会、女性のための編物教室、就学の機会を得られない脳性マヒ児のための塾の開設などだった。会の名称「青い芝」には「青々とした芝のように踏まれても踏まれても強く明るく生きていこう」という思いが込められている。

　当初の青い芝の会は、光明学校卒業生で、比較的裕福な家庭の在宅障害者が中心となり、主に親睦に力を入れていたが、一九六一年に救護施設・東京久留米園（第四話＊3）入所者たちの集団入会を機に、社会問題への関心を高め、行政交渉などを行うようになる。その後、一九七〇年代に入ると大学紛争後の学生の一部が障害者運動に闘争の場を求めたこともあって、青い芝の会の運動は全国的に活性化

れば、歩くときに足を引きずるくらいの人もいます。発語が難しくてコミュニケーションに時間のかかる人もいれば、それほど不自由なくしゃべれる人もいます。自分で自分の身体をコントロールしにくい「不随意運動（アテトーゼ）」を伴う人もいますね。

　青い芝の会って、もともと養護学校の同窓会みたいな団体だったんですけど、一九七〇年頃に変わっていきます。きっかけは、一つの脳性マヒ児殺害事件でした。脳性マヒのある子どもの育児・介護に疲れた母親が、わが子に手をかけてしまった。この事件後、周辺住民が「母親が可哀想だから減刑してあげてほしい」と署名活動を行ったのですが、青い芝の会はその減刑嘆願に抗議しました。つまり「障害児を殺した親が減刑されたら、障害者には生存権がないということになる。それは許せない」ということです。

　特に青い芝の会神奈川県連合会は、激しい抗議活動をしたことで知られています。その後も、県立病院での出生前診断に反対したり、養護学校義務化[*2]に反対して文部省（当時）に押しかけたりと、強硬な運動を展開しました。

九龍　有名なのが一九七七年の川崎バス闘争と呼ばれているバスジャック。車椅子の乗車拒否を繰り返していた路線バスに抗議して、バスの前に座り込んだり、消火液をぶちまけたりして、長時間バスを占拠したとか。その他、座り込みをしたり、路上カンパをしたり。「過激」と言われる活動を展開していったんですよね。

荒井　青い芝の会には有名な「行動綱領[*3]」があります。これを読んでいただくと、会の雰囲気をなんとなくわかっていただけるのではないでしょうか。

一、われらは、自らが脳性マヒ者であることを自覚する

われらかく行動する

した。

　青い芝の会が「過激」な運動団体へと変わった最大のきっかけは神奈川県連合会の結成（一九六九年）だった。特に、閑居山願成寺の大仏空和尚（第三話＊11）が主宰したマハラバ村（第四話＊7）を経験した横塚晃一（＊12）、横田弘（＊4）、小山正義（＊8）、矢田龍司らによって神奈川県連合会が結成され、七〇年代、本文でも話される障害者を殺した母親への減刑嘆願運動への反対、川崎バス闘争、養護学校義務化反対闘争など、非常にラディカルな運動が展開されることになる。

　一九七三年、神奈川・大阪・栃木・福島・九州・茨城・静岡・名古屋・東京の青い芝の会が結集し、日本脳性マヒ者協会全国青い芝の会総連合（初代会長・横塚晃一）が結成される。さらに一九七六年には障害種別を超えた全国規模の障害当事者組織、全国障害者解放運動連絡会議（全障連、第二話＊6）が結成され、その初代代表幹事に横塚晃一が選出されるなど、七〇年代の障害者運動をけん引した。

一、われらは強烈な自己主張を行なう
一、われらは愛と正義を否定する
一、われらは問題解決の路を選ばない

ぼくの著書『差別されてる自覚はあるか――横田弘と青い芝の会「行動綱領」』（現代書館）は、この行動綱領を書いた横田弘という人物について、ご本人・関係者への聞き取りをもとに書いた本です。詳細が気になった人はぜひ手に取ってみてください。

この青い芝の会が、一九七〇年代の障害者運動をけん引していました。そしてそこから三〇年ほどの時間が経ち、青い芝の会と、その中心メンバーだった横田弘[*4]という人物に、ぼくと九龍さんは学生として出会ったわけですね。

■便所飯の最中に、トイレのドアを叩かれて

――「障害者運動」と聞くと、あまり耳慣れなくハードルが高いな……と思うのですが、お二人が青い芝の会に関わられたきっかけを知りたいです。特に九龍さんが関わってらしたと聞いて、意外だったんですが。

九龍　そんなにかっこいい話じゃないんですよ……。ぼくは中学・高校と男子校に通っていて、女性とは母親以外、六年間ほとんどしゃべったことがなかったんですね。

一九九五年に横浜市立大に入学して、新入生の飲み会ではじめて同世代の女の子たちと話をする機会ができたんです。お酒の力もあって、その場ではいい感じに仲良くなったり

『差別されてる自覚はあるか』（現代書館）

差別されてる自覚はあるか
横田弘と青い芝の会「行動綱領」
荒井裕樹　著
中島岳志さん推薦!
ポスト相模原事件の必読書。

2　養護学校義務化：第二話＊10を参照。

3　行動綱領：第二話＊2を参照。

4　横田弘：一九三三〜二〇一三年。神奈川県生まれ。脳性マヒ者・運動家・詩人。就学免除のため、不就学。一九六三年、大仏空（第三話＊11）が茨城県閑居山に開いた脳性マヒ者のコロニー・マハラバ村（第四話＊7）で共同生活の後、一九六九年から神奈川県横浜市で自立生活。青い芝の会神奈川県連合会（後に全国青い芝の会）の行動綱領を起草。母親による障害児殺しに対する減刑嘆願運動への反対、川崎バス闘争、優生保護法改悪反対、養護学校義務化阻止など、一貫して脳性マヒ者の立場から、健全者社会へ鮮烈な批判を続けた。

するわけですよ。なのに翌日、教室でその子たちが「おはよう〜」ってぼくにあいさつしてくれたのに、そういうことに慣れてなくて、どうしていいかわからなすぎるあまり……なんと、無視してしまったんです（苦笑）。それで完全にクラス内で浮いてしまって。そこからは、いまで言ういわゆる「便所飯」の走りで、休み時間は基本的に多目的トイレにいるという学生生活に突入して……。

荒井　ああ……。

九龍　そんなことが一年近くあって、ある日いつものように多目的トイレで本を読んでいたら、ドアをガンガン叩かれて。ビクビクしながらドアを開けたら、そこに車椅子に乗った男の人がいたんです。なにか言ってるんだけど、言葉もよく聞き取れない。そのときはわからなかったんですけど、脳性マヒで言語障害があるんですね。で、かろうじて「トイレを手伝ってくれないか」ということだけはわかったので、出会い頭に小便を手伝って。尿瓶に溜まった尿を便器に捨てたら、今度は、車椅子の背にかばんがあるから、そこから紙を取ってくれと言われて。それが青い芝の会が運営している、きょうの会というグループホームの介助募集のチラシだったんです。それで、大学に友達もいないし、毎日ヒマだったので、気付いたらそこで介助のボランティアをするようになって。

荒井　すごい出会いですね。

九龍　その男性はIさんといって、一〇歳ほど年上で、大学には社会福祉を学びに来ていたんですけど、彼が大学ではじめてできた友達ですね。それから、介助ボランティアというよりは、泊まりに行くと、日当ももらえるし、ご飯も食べられる。お風呂もシャワーも一緒に入れるし、なにより入居者の人たちと話すのが楽しいんですよ。みんな男性で、夜中、酒を飲んだりして。首から上しか自由の利かない脳性マヒのKさんというおじいちゃんもウィスキーの水割りをストローでちゅーちゅー吸っていました。で、そのKさんが人生の達人みたいな感じなので、同世代のボランティアのやつが恋愛相談とか聞いてもらうんだけど、あとで内容を全部、周りの人にしゃべられちゃったり（笑）。

荒井　青春の一コマ、という感じですね。

九龍　だからぼくは、青い芝の会がどんなものか全然知らずに関わるようになったんです。

荒井　活動の内容もまったく知らなかったんですか？

九龍　はい。基本的にあとからです。きょうの会の代表が青い芝の会の中心人物である横田弘さんなわけです。で、うっすらと「なんかすごかったらしいぞ」とは聞いていましたが、まさか過去にバスジャックしているほどとは思っていなかった……（笑）。

荒井　九龍さん以外で、そのグループホームに来ていた学生さんは、福祉に関心をもっていた人たちだったんでしょうか。

九龍　いいえ、特に福祉関係が多いわけでもなく、ぼくも専攻は経済学でしたし。いろんな人がいましたね。パンクスの介助者もいて、彼のライブをホームの入居者と見るために車椅子を押して行ったこともあります。モッシュのなかに車椅子で入っていって、みんなでゲラゲラ笑っていました。めちゃくちゃ楽しかったですね。あまり大きな声で言えないけど、風俗店に押して行ったこともあったなあ。店が神対応で、入り口の前で迎えてくれて、あとの介助はすべて店員がやってくれるんですよ。

——日本の近代文学を専攻されていた荒井さんは、どのように青い芝の会と出会ったのでしょうか。

荒井　ぼくもドラマティックな出会いを期待されるんですけれども、全然そんなことないんです。大学院に行ってみたものの、馴染めなくて、居場所がなかったんです。たまたま授業の課題で北條民雄＊5を調べるうちに、彼が生活していたハンセン病療養所に通うようになったんです。そこで、小さな図書館を切り盛りしているおじいさんと仲良くなり、本の整理なんかを手伝うようになりました。大学院に行かずに、そこばかり通っていて。

　そうしたら、そのおじいさんが、「ハンセン病のことばかり勉強していても日本の差別問題はわからない。ちょっと外を見てこい」と言ったんです。それで、当時出た障害学の本を読んでいたら、花田春兆《しゅんちょう》＊6という名前がよく出てくる。花田さんは障害者運動業界の「長老」みたいな方で、脳性マヒ者です。それで花田さんに「お話を聞かせてください」と手紙を書きました。そうしたらすぐに「語り伝えたいことがあるから、ぜひ来てください」とメールがきて、それで会いに行ったんです。

九龍　実際にお会いして、どんな印象でしたか？

荒井　最初に見たときは、正直びっくりしました。予想以上に障害が重くて。本を何冊も出版されているのに、ブルブル震える指一本で、コチコチとパソコンを打っている。ぼくが読んだあれらの本は、本当にこの人が書いたのか？　というのが率直な印象でした。

　そこで少しお話ししましたが、花田さんには言語障害があるので、聞き取るのに時間がかかりました。なんとなくギクシャクしたまま最初の対面を終えて、花田さんのほうもなんとなくギクシャクしていて……。数年後にわかったんですが、ぼくは名前が「裕樹」なんで、メールアドレスに「yuki」と書いていた……実はユキちゃんという女の子が来るんだと思っていたら、男が来たからびっくりしたんだと。

九龍　おまえは誰なんだ、と（笑）。

5　北條民雄：一九一四〜一九三七年。昭和初期に活躍した小説家。本名「七條晃司」。京城（現在のソウル）生まれ。徳島県阿南市に育つ。若くしてハンセン病を発症し、第一区府県立全生病院（現在の国立療養所多磨全生園、東京都東村山市）に入所。病院内で創作に励み、作品が川端康成に注目される。自身の入院体験を描いた『いのちの初夜』（一九三六年）は、当時大変な話題になった。一九三七年、腸結核により死亡。

6　花田春兆：一九二五〜二〇一七年。脳性マヒ者。大阪府生まれ。光明学校（第二話＊4）を卒業した身体障害者による文芸同人誌「しののめ」を主宰。俳人・文筆家・障害者運動家として多方面で活躍。日本障害者協議会副代表、内閣府障害者施策推進本部参与など公職を歴任した。長らく障害者運動の業界では「長老」のような存在感を放ち、彼に影響を受けた運動家も数多い。

荒井　あとから聞いて謎が解けましたよ。そのあと、花田さんに気に入ってもらえたようで、「私設秘書」のような使い走りを四年半ぐらいやりました。そこから、障害と文学をテーマに研究することになっていったんです。

――青い芝の会とお二人の出会いについてうかがいました。青い芝の会の活動が私たちの身近に感じられる例はありますか。

九龍　いちばんわかりやすいのは川崎バス闘争がきっかけで、車椅子でも公共交通機関に乗れるようになったことかもしれませんね。

荒井　あの頃は障害者が街にいるだけで、周囲の空気がピリピリしていたような時代だったんですよね。ドキュメンタリー映画『さようならＣＰ』[*7]（一九七二年）に、横田弘さんが出てきます。このなかで横田さんが電車に乗るシーンがあるんですけど、横田さんがいるだけで、車両の空気が完全に凍るんです。横田さんたちは、そんな時代に街に出はじめた。自分の身体を人目にさらすことで、「障害者が街にいる」という既成事実をつくっていったんだと思います。

いま、ぼくらは街で車椅子の人を見かけても、空気が凍ることはまずありません。でも、それは社会が障害者に優しくなったからというわけじゃない。彼らのやってきた既成事実が積み重なって、結果的に障害者が街にいることが生活感覚として根付いてきたんだと思います。横田さんたちは、三〇年とか四〇年かけて、「街に障害者がいる」という生活感覚を切り拓いてきた。川崎バス闘争みたいなことを起こしながら、「障害者もここにいさせろ」ということを訴えてきた。

7　映画『さようならＣＰ』：監督・原一男、制作・小林佐智子。疾走プロダクションの第一作（一九七二年）。横田弘、横塚晃一を中心に、青い芝の会神奈川県連合会の活動を撮ったドキュメンタリー映画。第四話を参照。

九龍　まさに身をさらしながら、社会を変えていったんですよね。荒井さんの著書『差別されてる自覚はあるか』を読むと、青い芝の会の活動が現実に勝ち取ったものの大きさを感じます。

荒井　ぼくは障害者運動について研究していますけど、マジョリティのほうから気を使って、マイノリティの権利を進んで認めた事例というのを知りません。常にマイノリティからの問題提起があって、マジョリティがそれを認めていくんです。

■障害者には「主体」がない？

九龍　『さようならCP』には、詩を朗読するからと街頭で通行人を呼び止めるシーンがありますよね。その詩がまたいいんですよ。「足」という詩です。

「足」
私のまわりに集っている大勢の人々
あなた方は、足を持っている
あなた方は、あなた方は、私が、あなた方は私が歩くことを禁ずることによってのみ
その足は確保されているのだ
大勢の人々よ
たくさんの足たちよ
あなた方、あなた方は何をもって、私が歩くことを禁ずるのか

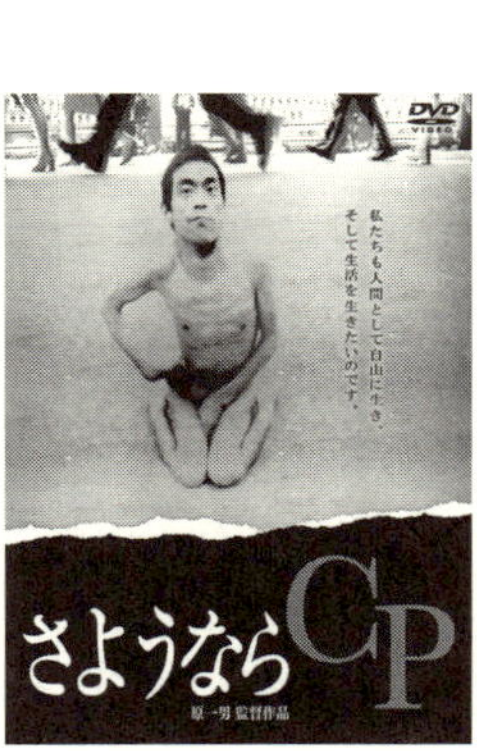

『さようならCP』（疾走プロダクション）

朗読をしているときに警官が来て、わーっと中止させられてしまう。当時はストリートミュージシャンもいたからなんの問題もないはずだと思うのですが……。そこで画面はブラックアウトするんですけど、音声が聞こえるんです。「責任者は誰？」と警察が聞いて、横田さんが「私です」と答える。それでもまだ「責任者は？」って警察が聞き返す。つまり、パフォーマンスをした横田さん本人を責任者と認めないんですよね。

荒井　障害者に「主体」があるとは思われていなかったんですよ。だからこそ、青い芝の会の「行動綱領」には「われらは、強烈な自己主張を行なう」と書いてあるんですよね。

九龍　ぼくは学生時代に大学の講堂で『さようならＣＰ』の上映会をやったことがあるんです。もともとはぼく自身が『さようならＣＰ』を観たくて、後に新宿のツタヤでレンタルされていることを知るんですけど、当時はフィルムで観るしかないと思っていた。それで、青い芝のどこかには当然フィルムが保管されているだろうと思ったので、横田さんに「観せてください」と頼んだら、「イヤだ！　あの映画は好きじゃない」って言うんです。それでもお願いし続けたら、「上映会をするならいいよ」と言ってくれた。

それで上映会なんてやったことなかったんですけど、あの有名な『さようならＣＰ』の横田さんの全裸カットがありますよね。あれを大きく印刷したビラをつくって、学校内のいろんなところにばらまいたら、けっこうな数の学生が集まってくれて。もしかしたら前衛的な芸術映画だと思って来た人もいたかもしれない。まあ、実際、そういう映画でもあるわけですけど。

上映後、横田さんと、やはり出演者でもあり、青い芝の会川崎支部で活動してした小山正義[*8]さんをゲストで招いてティーチイン、いまで言うアフタートークもやりました。学生はみんな黙りこくってて、逆に横田さんと小山さんのほうからガンガン学生に質問してい

8　小山正義：一九三九年、神奈川県生まれ。脳性マヒ者。一九六〇年代初頭に

ましたね。二人ともすでに高齢でしたけど、なんというか、自分の存在を懸けて、こうやって唾を飛ばしてやってきたんだなっていうのが垣間見えて、圧倒されましたね。

■波風を立てないと、存在自体を無視される

九龍　ぼくが最初に出会った脳性マヒのIさんも、そんな横田さんに若さゆえの反発も抱えながら、かなり影響を受けていたと思います。

荒井　九龍さんが多目的トイレにこもっていたときに、トイレのドアをガンガン叩いたというIさんですね。

九龍　そうです（笑）。彼は電動車椅子を使わないし、駅でエレベーターも使わない。エレベーターがある場所でも、必ず階段のそばに行って道行く人たちに「すいません、すいません」と声がけして、手伝ってもらっていました。エレベーターを使わないIさんをあからさまに嫌がっている駅員もいましたけど、そうすることで、彼は自分自身を使って、「障害」というものを可視化しようとしていたんですね。

——なぜ嫌がられてもそのように行動したと思いますか？

荒井　波風を立てるくらいのことをしないと、存在自体を無視されてしまうような経験をしていたんでしょうね。「障害者は自分の人生に関係ない」と思っている人を巻き込もうという試みなんでしょうけど、そうされた側は、すぐには受け入れがたいですよね。なんかいろいろと要求してくるし、責められている感じもするし。

青い芝の会川崎支部の設立に尽力した。横田弘、横塚晃一らとともにマハラバ村（第四話＊7）に参加し、大仏空和尚（第三話＊11）の薫陶を受け、その後、青い芝の会神奈川県連合会の運動家として活動し、同会会長を務めた。著書に『いきざま——ある脳性マヒ者の半生』（JCA出版、一九八一年）、『マイトレァ・カルナ——ある脳性マヒ者の軌跡』（千書房、二〇〇五年）がある。

九龍　でも、どう考えてもIさんのほうがしんどいハードルを越えて、ぼくたちにボールを投げてきていましたからね。

荒井　ぼくの本『差別されてる自覚はあるか』でも、タイトルと表紙のハードルが高すぎると、いろいろな人に言われました（笑）。でも、ここには狙いがあります。青い芝の会の人たちって、ファーストコンタクトがけっこうきついじゃないですか。

九龍　そうなんですよ。強烈です。

荒井　でも、彼らの懐に飛び込んでみると面白かったりする。あの本のタイトルや表紙は、それを狙っているんです。

九龍　まんまとその手にやられましたね。たぶん、ファーストコンタクトを強くしなければ、ほとんどの人が素通りしてしまう。

荒井　「愛らしく健気な障害者」としてふるまえば、社会は応援してくれたり、優しくしてくれるかもしれません。でも、「気分がいいときだけ仲間に入れてもらえる」というのは、本当の社会参加とは言えないんじゃないかな。そもそも、障害者が「なにかしたい」と主張したときに、それを「波風」と感じてしまうぼくらってなんなんだろう？　ということを考える視点をもつべきなんですよね。

――障害者に限らず、マイノリティが差別について発言するときには「怒っていると伝わらない」「言い方が悪い」と注意されることがあります。ですがむしろ青い芝の会では障害者が社会から排除されているからこそ、強引に主張する手法をとったのですね。

荒井　花田さんの「私設秘書」という名の使いっ走りをしていたときに、ぼくは二度「息子」に間違われて、何度も「介助者」、特に専門の福祉職の人に間違われました。車椅子の人がいて、隣にぼくのような人間が立っていると、多くの人が「身内」か「介助者」だと判断してしまうんですね。本来、人間関係って多様なはずなので、その二人は「師匠と弟子」かもしれないし、「歳の離れた友達」かもしれない。そもそも、言葉で説明しにくい関係性というのもある。二人の人間がいたら、その間柄にはいろんな可能性があるはずなんですけど、一方が「障害者」となると、もう一方は「身内」か「福祉関係者」と、すごく限定されたかたちで見られてしまう。

九龍　「福祉」の枠のなかで生活している人だと思われている。

荒井　横田さんも、障害者が「身内」か「福祉関係者」としかつながらないような生活になりがちなのを危ぶんでいましたね。青い芝の会が、そのあたりのお兄さん・お姉さんを介助ボランティアとして引き入れようとしていたのも、いまから思えば、そうした問題意識があったと思うんです。普通なら一人や二人はいる「説明ができないような人間関係」を求めていたんじゃないかな。うまく説明できない人間関係って、人生のなかで必要じゃないですか。だって素敵でしょ、多目的トイレをガンガン叩かれて生まれる出会いって。

九龍　やっぱりはじめて重度の障害をもつ人を目の前にしたときに、普段見慣れていないと、どうしてもビビってしまうことはある。あるいは、自分のなかの偏見のようなものが見透かされているんじゃないかと怖くなってしまったりすることもある。

それでも、目の前にいる人と個別にコミュニケーションをしていくなかで、自分なりの関わり方は自然とできてくるものだと思います。わからないことがあれば、相手に聞けばいいわけですから。そのためには、まずは接する機会がないとどうにもならない。

荒井　横田さんは、「障害者を差別するな」とは言っていますが、障害者が個人的な怨恨の対象になることは否定していません。つまり、「障害者とケンカをするな」なんて一言も言っていない。ケンカをして、「アイツのこと嫌いだ」と思うことを差別だとは言っていない。だって「闘争」という字に「ふれあい」というルビ[*9]をふったくらいですから。実際、密な付き合いがないと、個人的な恨みも生まれません。衝突の機会さえ奪ってしまうのは、「やさしさ」の姿を装った隔離です。横田さんは、やさしそうな素振りをしながら、「私とあなたの居るべき世界はちがうんですよね」という人には、強烈に反発しました。

いまは幼い段階から、「個人のニーズに合わせて手厚いサポートを」という名目で、障害のある子はこっち、そうじゃない子はそっち、と分けられています。それを求める人もいるので難しいところですが、幼い頃から「障害のある／なし」で分けられてしまって、「そもそも出会えない」状況になっていると思います。「障害者と出会えない」「障害者が出会えない」という状況に危機感をもって、いまだに自力で介助ボランティアを集めて生活している青い芝の人もいます。青い芝の精神性を、まだまだ現役で受け継いでいる人もいるんですよね。

■切り刻まれたおでんにブチ切れる

——差別されていたからこそ、青い芝の会が「強烈な自己主張」をおこなわざるを得なかったことがわかりました。ときには嫌がられ、ケンカをしながらも青い芝の会が手に入れようとしたものはなんだったのでしょうか。

荒井　「障害者運動」というと、なんだか「崇高なもの」みたいな気がしますけど、青い

9　「闘争」という字に「ふれあい」というルビ：横田弘は著書『障害者殺しの思想〔増補新装版〕』（現代書館）において、「障害者と健全者の関わり合い、それは、絶えることのない日常的な闘争《ふれあい》によって、初めて前進することができるのではないだろうか」と書いている（一〇四頁）。

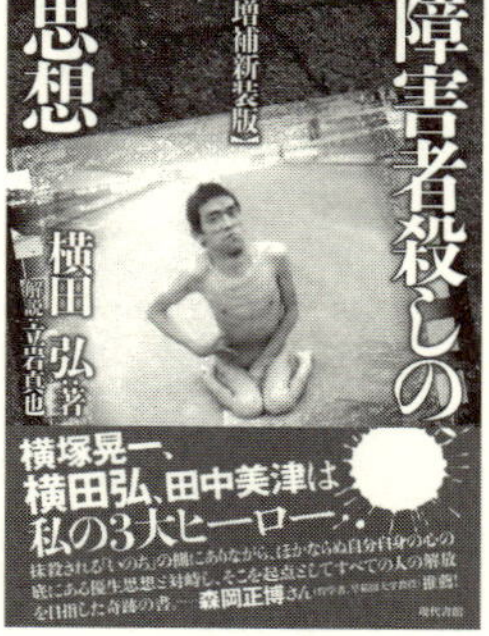

『障害者殺しの思想』（現代書館）

芝の会の人たちが求めていたのは平凡なことなんですよね。川崎バス闘争は、青い芝の会が「車椅子のままバスに乗せろ！」と主張して、バスを「占拠」した事件です。事前にバス運営会社や行政と交渉を重ねたけど、まったく進展が得られなかったから行動に打って出たんです。そもそも、どうしてバスに乗りたかったのか。動機はすごくシンプルなんです。街に出て仲間に会いたい。喫茶店に行きたい。買い物をしたい。当時流行っていたバレーボールを観に行きたい。そのためにバスに乗りたい。

九龍　バレーボールを見せろ！　と。とてもささやかな願いですよね。

荒井　彼らが主張していたのは、普通の人が、日々の生活で普通にやっていることを、俺たちにも普通にさせてくれ。それを取り上げないでくれってことですよね。

「そんなささいなことで」と思われるかもしれないけど、ささいなことこそ尊厳に関わるんですよ。ある日、花田春兆さんに呼び出されて特養（特別養護老人ホーム）に会いに行ったら、すごく怒っていて、ご機嫌斜めなんです。聞けば「夕飯におでんが出たけど、切り刻まれていた。刻まれたおでんなんて、おでんじゃない！」と。そのあと有名なチェーン系の居酒屋に行きましたよ。花田さん、でっかいアナゴの天ぷらを、ばりばり食べていました。その夜は二人で赤い顔をして、消灯時間を過ぎた特養に戻って、職員さんにぶつぶつ言われました。「切り刻まれたおでんを食べたくない」というのは、わがままと言えばわがままかもしれない。施設の職員さんも、ちょっと困ったなと思っていたでしょうけど。

九龍　職員としては、のどに詰まったら困るから、良かれと思ってやっている。でも、わがこととして考えたら、やはり切り刻まれていないおでんを食べたいですよ。

荒井　「たまには食べたいものを食べたい」という理由で、花田さんはわざわざぼくを呼び出すわけです。障害者運動家のすごいところは、「呼び出せる人間関係」を日常的につくっているところですよね。これってすごくエネルギーがいることなんです。「食べたいものを食べる」というささやかな欲求も、障害があるというだけで、ハードルがすごく上がってしまう。

九龍　介助者がどこまでやるべきか、自分たちと関係のないところで生活の線引きをどんどんされてしまう。そうすると、切り刻んだおでんは嫌だとか、そういうことも言ってられなくなってしまう。でも、それぞれの生活の大切な部分って、そういうところに宿るじゃないですか。

グループホームで介助ボランティアをしていたとき、夜中に「森永ダースのミルク味を買ってきてくれ」って利用者に言われるんです。なにもこの時間じゃなくてもいいだろうって思ってしまうんだけど、たしかに夜中だからこそ森永のダースのミルク味が食べたくなることだってあるんですよ。ぼくだって、深夜にコンビニに寄れば、お菓子を買ってしまうことがある（笑）。でも、彼らには、そういうささやかな喜びや当たり前の欲求が許されてこなかった。そこができるかどうかは生活の意味を左右する、とても重要なことなんだと思うんです。

荒井　障害があろうがなかろうが、人には当たり前の欲求がある。でも、障害がある人と付き合ったことがないと、そんな想像力も働かないわけです。精神科病院のなかのアトリエ活動を追ったドキュメンタリーを授業で観せたことがあるのですが、アトリエの人たちがソファーに座って煙草を吸いながら、ああでもない、こうでもないと話すシーンがあるんです。それを観た学生から、「この人たちも煙草を吸うんですね」なんて感想が出てきて驚きました。

九龍　煙草を吸う人もいるし、酒を飲む人も当たり前にいます。ぼくたちも介助をやりながら一緒に酒を飲んでました。どれだけウィスキーの水割りをつくらされたことか……（笑）。

荒井　脳性マヒと酒は相性がいいという持論を展開する方は多いですよね。脳性マヒ特有の筋肉の緊張をほぐすんだ、と。医学的な根拠があるかどうかはわからないですよ（笑）。経験則ではそうなっているんだ、と。

――「お酒を飲んだら危険だ」と止めることはしないんですね。

荒井　たぶん、青い芝の会のボランティアって、きちんと介護のトレーニングを受けた人たちから見ると、危なっかしくて見てられないこともいっぱいあったと思うんですよ。花田さんが「ドリアが食べたい」と言い出したこともあって、ぼくも介助のことをなにも知らないから、熱々のドリアをそのまま口につっこんで「あっちいよ！」とゲラゲラ笑いながら怒られたことがあります。こっちはなにも知らないし、知らない人によくやらせるなと思ったものです。でも、青い芝の会の人たちは「危ないからやめてください」という言い方が嫌いでしたね。

九龍　そうですね。それは絶対に言わなかった。だって、酒を飲んでトイレ介助とかを夜中にやらせるわけですから、危ないんです。

荒井　川崎バス闘争でも、「危ないから乗らないでくれ」がバス会社の主張でした。でも、青い芝の会の人たちは、なにかをする前から「危ない」という理由で、やりたいことを禁じられてきた人たちなんです。「障害者のためを思って」というやさしさを装った禁止は、障害者を一人の「主体」として見てないということではないか。「危ない、危なくない」

は障害者自身に判断させてくれ、ということだったんだと思います。

九龍　横田さんが「介護」ではなく「介助」という言葉を使っていたのも、「べつに護られているわけではない」からだと聞いたことがあります。なので「護」という言葉はそぐわないと。

荒井　花田さんも、そのへんは厳しかったですね。危ないかどうかは、自分にもわかる。だから、おでんを刻まれるのが嫌だったんでしょう。自分が食えないと思ったら食わねえよ、と。食うか食わないかは、俺に決めさせろってことなんです。

障害者は、幼い頃から「危ない」「できない」という理由で、なにかをやる前から禁じられることが多い。でも、親が先回りして禁じてしまう前に、自分にとって「危ない／危なくない」「できる／できない」の境目はどこかを判断できるようになることが大切なんです。そうした判断さえさせてもらえない状態を、横田さんは「障害者は自己を奪われている」と表現されていました。

九龍　横田さんとの思い出で、ずっと覚えていることがあって。事務所にいたら、横田さんが膝ですりすり歩いていたんです。すると、横田さんのちょっと先を大きな荷物が塞いでいた。邪魔だろうなと思って、それをどかしたんですね。そうしたら、「なんでどかしたんだ?」って問い詰められて。

「邪魔だと思いました」と答えたら、「ぼくはそれをどかしてなんて頼んでいない」って言うんです。たしかに、横田さんはどかしてほしいなんて一言も言わなかった。ぼくが勝手にどかしたわけです。横田さんは「なぜどかしたのか、自分の口で説明しろ」と。

そのとき、ぼくの中のなにかが試されていると感じました。横田さんたちには、そうやって他人に勝手な先回りをされることで行動を制限されてきた、という歴史があるわけです。

だからこそ、ぼくが勝手に荷物をどかしたことを、厳しく問い詰めたんだと思います。青い芝の会のやってきたことの片鱗に、触れた気がした瞬間でした。

■女性たちの闘い

――ここまで横田弘さんや花田春兆さんのお話をうかがってきましたが、青い芝の会にいた女性たちは、どのように運動に関わっていたのでしょうか。

九龍　ぼくの関わっていたグループホームは入居者が男性だけだったんです。たまに恋人が訪ねてくることがあって、それが障害をもった女性のときはありました。あとは青い芝の会の催しでボウリング大会があったりして、そこには女性の方もいらっしゃったのですが、正直、男女観に関しては少し保守的なものを感じていました。

荒井　そうですね。男女の性規範に関しては保守的な部分もあって、そこは問い直さなければいけませんよね。青い芝の人たちが「そういう性規範をもつ世代だった」と言えばそれまでですが、障害者であっても世代の価値観からは決して自由じゃないし、場合によっては、より露骨に出てしまうこともある。

九龍　重要なのは、そうした男女観に対して、青い芝の内部からも批判の声があったという点ですよね。『おんなとして、CPとして』（CP女の会、一九九四年）という本に詳しいんですが、そのなかで内田みどりさん[*10]などが鋭い問題提起をしている。当時は、ガイドヘルパーのハンコを押してくれる人、ぐらいな感じで内田さんと接していたので、あの本を読んで胸を衝かれるものがありました。

10　内田みどり：一九三九〜二〇一五年。富山県生まれ。脳性マヒ者。青い芝の会神奈川県連合会会員。同会の女性会員による、CP女の会にも参加。横田弘らが

荒井　実は大変な名文家で、運動の最前線にもいた人なんですよね。本の一節を紹介しましょう。

　この時期、私を含め運動に参加した大半の女たちが子育てに追われていた。障害者運動と子育て、自分を自覚し割り切っての女たちの戦いも、時にその余りの厳しさに崩れそうになる。
そんな運動のひとつに暮れの街頭カンパ活動がある。
かろやかに流れるジングルベルのメロディーに子供たちの笑い声がはずむ。ケーキやオモチャを抱え家路を急ぐ親子連れ、女たちは、家に置き去りにしてきた子供におもいを馳せた。マイクからほとばしる男たちの叫び、女たちは黙って人並《（ママ）》みのなかに黙々と「ビラ」をまき続けた。女たちは、子育てのなかから生まれる新たな地域との摩擦のなかで、男たちとはちがう差別や偏見を味わいはじめていた。男たちは、障害者運動に夢とロマンをかけ、女たちは、日々の生活をかけた。

（内田みどり「私と『ＣＰ女の会』と箱根のお山」より）

ちなみに内田さんは、『さようならＣＰ』のことも「あの映画は女性差別以外の何ものでもないと思っています」と指摘されています（全国自立生活センター協議会編『自立生活運動と障害文化——当事者からの福祉論』二〇〇一年、現代書館、二八七頁）。

九龍　運動家と生活者という二つの側面が相矛盾してしまうという状況はマイノリティ運動に限らず、どんな運動にもつきまとうわけですけど、それがもっともあぶり出されるのが男女の性差別的な役割問題だと思います。そこを隠蔽せずにぶつけ合うのもまた、青い

設立した障害者活動センター・きょうの会、障害者の自立と文化を拓く会・ＲＥＡＶＡのメンバーとして活動した。

『おんなとして、ＣＰとして』（ＣＰ女の会）

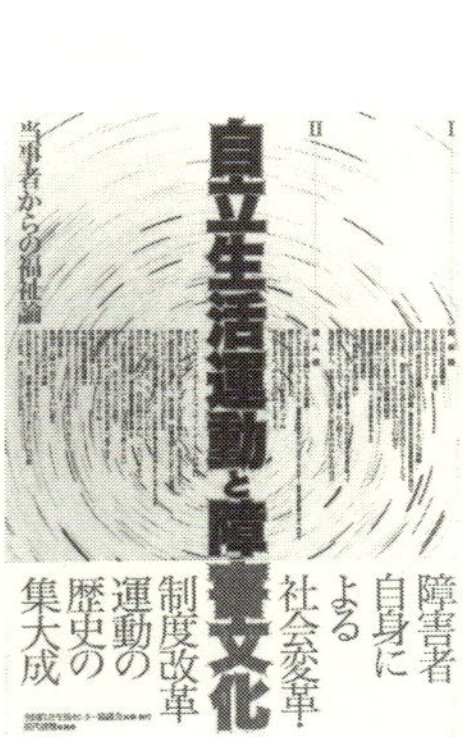

『自立生活運動と障害文化』（現代書館）

芝の会の力なのかなと。

■「当たり前のこと」も問い直す

荒井　横田さんたちが求めたものってすごく「当たり前のこと」じゃないですか。でも、「当たり前のこと」って、実は不均衡な力関係が前提になっていることがあるんです。

例えば青い芝の会は、女性運動家たちと意見がぶつかることがたびたびありました。彼らと向き合った女性たちのなかには、青い芝のなかに「男っぽさ」や「男らしさへの憧れ」みたいなものを感じ取った人が少なくないんですね。たしかに、彼らは「男らしさ」という価値観からずっと除外されてきた。「性欲ないよね」「恋人なんかできないよね」「結婚しないよね」という目で見られてきた。だから、その反発で「男として当たり前のこと」を願うようになるわけですが、その「男として当たり前」という感覚は、女性たちが息苦しさを感じていた価値観そのものだったりするわけです。

安保法制のデモ（二〇一五年）のときにも、「当たり前の日常を守れ」という主張があって、それはそれで共感したのですが、でも、その「当たり前」に「お母さんがご飯をつくってくれるような日常」をイメージする人もいた。誰かにとっての「当たり前」は、誰かにとっては窮屈な場合もあるんですよね。

九龍　しかし、「当たり前」を疑うのって、すごくエネルギーがいりますからね。ましてや、「当たり前」のことができないことに苦しんだり、その「当たり前」を獲得するために血のにじむような努力をしている人にとってはなおさらでしょう。それでもなお、「当たり前」の前で思考停止しない必要がある。

ぼくは青い芝の会の人たちと、フェミニストの人たちが優生保護法などをめぐって議論[*11]を交わす現場を、何度か見てきました。例えば、「出生前診断」をどう捉えるか。障害者の生存権と出産に関わる自己決定権のせめぎ合いは、いまだ横塚晃一さん[*12]の著書『母よ！殺すな』（一九七五年）のインパクトの圏内にあるともいえる。ただ、この何十年かで、青い芝とフェミニズムという問題系のなかで培われてきた議論の深さにはかなりのものがあって、これは世界的にも重要な思想的蓄積なんじゃないかと思うんです。

■人間としての横田弘

――荒井さんの本『差別されてる自覚はあるか』では、横田さんの妻・淑子さんのお話も出てきますよね。

荒井　インタビューでご自宅にお邪魔した際、マイセンの素敵なカップに入った紅茶と、ドライフルーツの練りこまれたパウンドケーキが出てきて、おしゃれな人だなぁと思いました。「運動家の妻」って、尋常じゃないご苦労をされていることが多いから、お話をうかがうのが難かしいんです。夫のイメージを守るために、話せないこともたくさんあるだろうし。

九龍　活動家としては立派でも、生活者としては……という人も少なくないですからね。

荒井　でも、淑子さんはお話を聞かせてくださいました。「あの人は本当、ダメ人間」と笑いながらおっしゃるんですね。ぼくもつられて笑いましたけど、奥様のご苦労を思うと「笑い話」じゃ済まない。でも、なんか笑ってしまう。そこにお二人の関係がにじんでい

11　優生保護法をめぐる青い芝の会とフェミニズムの議論：優生保護法の問題について説明するには、堕胎罪から記述をはじめる必要がある。日本には明治期から刑法に堕胎罪が存在し、胎児を人為的に中絶したり、流産させたりすることは刑事罰の対象となっている。しかし、同罪の別法で規定された範囲において、同罪の適用を免れることができる。それが優生保護法（現・母体保護法）である。

もともと優生保護法は、敗戦直後の混乱期に、人口の抑制と「質」の維持を目的として制定された。この法律により、それまで違法とされていた人工妊娠中絶が合法的に行えるようになった。

一九七二～七四年、当時の政府は優生保護法の改定を目論んだ。中絶を可能にする要件として中心的な項目だった「経済条項」（経済的な理由で妊娠の継続や出産ができない場合に中絶を可とする項目）を削除し、代わりに「胎児条項」（胎児に障害がある場合に中絶を可とする項目）を導入しようとしたのである。

これに対し、女性団体（ウーマン・リブ）と障害者団体（青い芝の会）から反対の声があがった。女性団体は、「経済条項」を削除することは実質的な「中絶禁止」であり、国家による生殖の統制であると反対し、生殖の自己決定権を主張した。

るようで、「横田弘さんの評伝、締めの一行はこれしかない」と思いましたよ。

九龍　横田さんは障害者運動のなかである種のカリスマではありましたし、実際にたぐいまれなる思想家でもあった。同時に、ぼくたちが接してきた横田さんには、お茶目でしょうもないところもいっぱいあって、日々これ闘争という人ではけっしてなかった。荒井さんの著書『差別されてる自覚はあるか』を読んで、そういう横田さんのお茶目な部分をたくさん思い出しましたよ。

――横田さんは二〇一三年に急逝されますよね。

荒井　横田さんが亡くなってから、周辺の人たちから、どうしようもないエピソードがいくつも出てきました。横田さんって、すごく普通の人なんですよね。若い頃の横田さんをよく知る方と話をしていると、横田さんって、もともとの性格としては温厚で、怒るのが苦手なタイプの人だったんだろうと思います。

九龍　『さようならCP』でも、横断歩道を車椅子を使わずに、膝で歩きながら渡るシーンがあります。信号が青から赤に変わって、車にブーブー、クラクションを鳴らされているなかを、横田さんが一生懸命、反対側の道路へと渡る。いわば蛮勇ですよね。そんなことをやった直後に、横田さんの漏らす一言がよくて、「おっかなかった……」って言うんですよ。あのシーン、ホント大好き。

荒井　ああ、普通の人なんだって思いますよね。

九龍　そりゃ、誰だっておっかないよなって。

荒井　ぼくの本でもご紹介した息子さんへのインタビューで印象的だったのは、奥様が頸

障害者団体は、「胎児条項」を導入することは障害者の存在を「本来あってはならない存在」として規定し、社会から抹殺することにつながると批判した。

　青い芝の会（特に優生保護法に強く反発した神奈川県連合会）は、「母親による障害児殺し批判」から運動がはじまったこともあり、当時は「親（特に母）」への批判を強めていた時期でもあった。そのこともあり、女性運動家たちが掲げた「産む・産まないは女（あたし）が決める」という主張に対し、胎児に障害があった場合に障害児を中絶＝殺害することも女性が決めるのかという批判を投げかけた。

　ウーマン・リブと青い芝の会は、ときに厳しく対峙することもあったが、国家が人びとの生殖を管理しようとする「優生保護法」への反対という点では認識を同じくし、ともに集会やデモを行うこともあった。またウーマン・リブの諸団体は、青い芝の会からの問題提起を受け止め、女性が胎児のいのちと向き合うとはどういうことなのかを真摯に議論し、「産める社会を、産みたい社会を」など、運動のスローガンを模索していった。

12　横塚晃一：一九三五〜一九七九年。埼玉県生まれ。整肢療護園（第二話＊3）、

椎の手術をされたときの話です。無事に手術が終わった後、息子さんが帰ろうと言ったら、「映画館に行こう」と言って、一緒にオールナイトの『男はつらいよ』を観たらしいです。

九龍　なんですか、そのできすぎた話は（笑）。

荒井　一人になるのが不安だったのか、なにかして気を紛らわせたいと思ったのか。そんな人が、運動の最前線で声を張りあげていたわけです。しかも、横田さんは身体が自由に動かないわけですから、怒った「健全者」に暴力を振るわれたら死んでしまう可能性だってある。体格も大きいほうじゃない。

九龍　むちゃくちゃ細い体格ですよ。

荒井　それでも、いろいろな人に車椅子を押させますよね。横田さんのご自宅は横浜にあって、駅に行くには歩道橋を渡らなきゃいけないんですけど、当時のスロープは細くて傾斜がきつくて怖かったようなんです。そこを介助者に押してもらう。「介助者」っていっても、ほとんどは大学生のボランティアです。足を滑らせたら、横田さんは受け身もとれない。場合によっては命に関わる。

九龍　それでも、すべてをゆだねる。

荒井　そこがすごいです。ぼくだったら「介助者に嫌われないようにしよう……」とか思ってしまいますよ。でも、横田さんは「健全者」とは徹底的にぶつかるし、拒絶するところは強烈に拒絶する。「人が人を信頼する」とはどういうことかについて、身体を張って、とても大事なヒントを示してくれたんだと思います。

■マジョリティの定義は「大きい主語で自分を語れる」こと

国立身体障害者センター（第四話＊6）を経て、横田らとともにマハラバ村（第四話＊7）で共同生活。一九六九年より神奈川県川崎市で自立生活。一九七六年の全障連（第二話＊6）結成に参加し、初代代表幹事を務めた。

『母よ！殺すな』（生活書院）

――ここまで青い芝の会の主張や、横田弘さんや花田春兆さんを中心とした方々のエピソードをお話いただきました。いま青い芝の会の活動が再評価や参照されているように感じるのですが、なぜだと思いますか？

荒井　背景に「空気の読み疲れ」があると考えています。最近、「マイノリティに気を遣わなきゃいけない」「ポリコレ疲れ」[*13]なんてことが言われていますが、ぼくが言いたいのはその逆です。いまは立場の弱い人たちのほうが、以前より空気を読みながら、波風を立てないように気を遣っている。小泉政権のときに「鈍感力」という言葉が流行りましたけど、とても嫌な言葉だと思いました。立場の強い人は鈍感でも鈍感じゃなくても生きていけますが、立場の弱い人は空気を読まなきゃ生きていけない。そういった人たちに「鈍感力を身に付けろ」と言うのは、「マジョリティはあなたたちに気を遣いたくない。つらいこともあるだろうけど心を麻痺させてがんばれ」と言うようなものです。

　その点、青い芝の会の人たちは空気を読まなかったですね。つまり、「健全者がつくった空気は、障害者を排除するためのものだから読む必要はない」と考えた。割り切った痛快さに対する「あこがれ」みたいなものがあると思うんですね。

九龍　この「健全者」という言葉も、「障害者」に対抗して、マイノリティの側からレッテルを貼り返すための言葉なんですよね。あえて「健常者」とは言わない。健全者を中心とする文化やシステムには様々な不備があるので、そこへの参入を考えるのではなく、むしろその不備を批判していく。つまり、青い芝の会の人たちは「空気」を読むのではなく、その「空気」で社会全体が息苦しくなっているのではないかという指摘をしていく。

　昨年（二〇一七年）六月にバニラ・エア問題[*14]があって、青い芝の会の川崎バス闘争が再

13　ポリコレ：ポリティカル・コレクトネス（political correctness）の略。政治的・社会的に適切で、偏りなく公平であることを目指す表現。少数者や被差別者に不利益が生じないように、表現を是正していこうとする動き。

14　バニラ・エア問題：LCCの「バニ

度注目を浴びましたよね。そのときに、「そんな要求に対応していたら、ＬＣＣのような格安航空はやっていけない」という人がけっこういて、なんでそんなことを言うんだろうって疑問だったんですよ。バニラ・エア関係者ならともかく、そこまで肩をもつ意味がよくわからない。

荒井　あなたはどの立場でものを言っているんだ？　ってことですよね。横田さんも「一般的には～」という言い方が嫌いでした。

九龍　横田さんに出所のよくわからない意見を言ったら、一発で見抜かれますからね。「で、お前自身はどう思うんだ？」と聞いてくる。そもそも、「みんなこう言ってる」みたいな一般論に対して、それが実際に存在するかどうか別にしても、その一般論に自分の意見を合わせないといけないと思い込んだり、そこから外れている人をバッシングしたりする風潮はなんなんでしょうね。

荒井　一般論を言えるのは、マジョリティだからです。ぼくが考える「マジョリティの定義」は「大きい主語で自分を語れる」というものです。日本人は～とか、男ってさ～、社会ってさ～と。当事者性がないこと自体が、その人がマジョリティであることのあらわれです。花田さんも、そこへの無自覚さには厳しかったですね。お前は一人の人間として、いま、俺と向き合っているのか。マジョリティとして当たり障りのないことを言っているんじゃないか。言葉の端々で見抜かれてしまう。

九龍　ぼんやりとした一般論が、ＳＮＳなどで奇妙なルールにすり替わっていく光景をよく見かけます。少し前にテレビ番組で取材された「貧困女子高生」が炎上したことがありました。「高いペンを買っているから、貧困じゃない」とか言われていたんですけど、じゃあ、鉛筆をナイフで削って使ってたら貧困なんだろうか、と。でもそれを言うなら、ある

ラ・エア」が、車椅子の男性の搭乗を断り、男性が腕の力でタラップを登った。のちに、バニラ・エアが謝罪した。

程度、しっかりしたペンを使ったほうが長持ちして、経済的にも安くつく、というケースだってあるわけじゃないですか。それ以前に、そんなことを言う人は、「貧困」という状態についてもっているイメージがすでに貧しすぎやしませんか？　と思うんです。

荒井　自分たちの勝手な思い込みでつくったステレオタイプからはみ出すものを許さないんですよね。でも、いつか自分がそのわけのわからないルールに取り締まられる可能性もでてくる。それは怖くないのかな。バニラ・エアの件でも、車椅子利用者に対して「ルールを守れ」と言ってる人がいましたけど、そもそも車椅子で乗れないのは障害者差別解消法[*15]違反だと思います。解消法よりも守らなければならない「ルール」ってなんなんだろうと考えると、結局はマジョリティ側がつくった雰囲気みたいなものでしかない。

世界の障害者運動には〝nothing about us without us〟（私たち抜きに、私たちのことを決めるな）という有名なスローガンがあるんですけど、青い芝の強烈な問題提起もこれに通じるものがあります。

■本人も悲鳴をあげられない

荒井　一〇年近く前ですが、非正規雇用の問題が騒がれはじめていた頃、非正規の人に話を聞いたら「経営の王道は人件費を抑制すること。景気の調整弁として非正規で人を回していくのはセオリーだ」と言っていて、驚きました。これは「非正規が経営を語るな」ということではなく、不安定な雇用のせいで苦しいのであれば、「苦しい」「つらい」と言えばいいのに、素直に言えないなにかがあるんですよね。

九龍　調整弁として使われてしまう立場にある人が、なぜか使う側の経営者の目線でそれ

15　障害者差別解消法：行政機関や民間事業者等が、障害者に対して、正当な理由なく障害を理由に差別することを禁止する（「不当な差別的取り扱い」の禁止）とともに、障害者からなんらかの対応を求められた際に、過重な負担にならない範囲で機会の平等を保障するために努めること（「合理的配慮」の提供義務）を求めた法律（「合理的配慮」の提供は、行政機関は義務。民間事業者は努力義務）。二〇一三年六月制定、二〇一六年四月施行。正式名称は「障害を理由とする差別の解消の推進に関する法律」。

を「セオリー」だと言ってしまう。もちろん非正規でうまくキャリアを積んでいく人もいるでしょうけど、多くの場合、「経験が昇給に反映されない」、あるいは「経験そのものが蓄積されない」とか「将来設計がしづらい」とか、いろいろあるわけです。でも、そういう個別の不安や不満を吐き出すことを、社会に波風を立てる行為のように思い込んでしまう。結果、自分を苦しくさせているかもしれないシステムを、いつの間にか「セオリー」などと言って内面化してしまうことがある。

荒井　ぼくらが使っているこの言葉には、窮地に立たされた人の存在をきちんと受け止める表現がほとんどないんです。「がんばれ」は文脈によっては叱りつける言葉になる。「大丈夫」というのは「ノーサンキュー」の意味になる。いま苦しい人の、その苦しみにただただ寄り添うような表現が少ない。寄り添う人がいなければ、苦しみを苦しみとして表現するのも難かしい。

九龍　それどころか、窮地の渦中にある本人ですら、泣いたり、悲鳴をあげたりすることを禁じられかねない。

荒井　青い芝の会も、もともとは「お茶飲み会」で、自分たちの大変さをとにかく言葉にするところからはじまりました。それが時間とともに成熟して、強烈な反差別運動になったんです。「つらいこと」を「つらい」と言うのは、社会を問い直す第一歩です。

九龍　身もふたもない話をすると、青い芝の会の異議申し立ては、現代のSNSのようなコミュニケーションとは相性がよくないかもしれないと思うんです。かつての社会運動には、その根本に横たわる問題について熟考するだけのタイムスパンがあった。でもいま、SNSで交わされているのは、もっと卑近で反射的な言葉ですよね。「ずるい」とか、「ルール違反」とか、「空気読め」とか、「捏造だ」とか、そういうレベルの応酬が多く見受けられます。

荒井　当時の運動は顔と顔を合わせせないと議論ができなかった。不便ではあるけれども、幸せな面もあったんでしょう。いま、ツイッターとかＳＮＳには反射神経で飛び出したような言葉が溢れています。書いている人は軽い気持ちでやっているのかもしれませんが、ＳＮＳは公共空間です。そこに生み出された言葉は公共空間に降り積もっていく。ときどき、ご自身の勤め先で障害者の対応に苦慮した不満なんかを綴ったツイートを見かけますけど、以前だったら友達にグチって済んでいた話が、パーソナルな空間を越えて、公共空間に積もっていく。しかも、文脈をすべて取り払ったかたちで。それは怖いことだと思っています。

九龍　例えば欧州でフェイクニュースの厳罰化が目指されているのも、それが社会的な公害だからですよね。企業が有毒物質を海に垂れ流すのと同じで、それを許容してしまうと、市民社会が危険にさらされかねない、と。

荒井　でも、ぼくの立場では、可能な限り法律よりも「文化力」で防ぎたいと思っています。

九龍　ええ、よくわかります。

荒井　でも、それもきれいごとに聞こえてしまうほど、せっぱつまっている。

九龍　そのような文化力を生み出す源泉そのものが、ネット空間のなかでかなり疲弊しているように感じることがあります。

荒井　最近のヘイトの問題なども見ていると、もう「どういう規制を設けるか」を議論する段階にきている。でも、それでもやっぱり「文化力」みたいなもので抗することを諦めてはいけない。それを諦めるのは文化や教養そのものを諦めることです。いま、なにができるのか、試されている感じがしますね。

■「怒り」でしか守れないもの

――バスジャックをしたり、座り込みをするような青い芝の会の活動について、「怒っていては伝わらない」という反応もあると思うのですが、それについてはどう思われますか。

荒井　ぼくは横田さんに怒られるのがわりと好きでした。ぼく自身は怒ることが得意ではないです。怒る人って二タイプあるじゃないですか。感情的にパッと怒る人と、これは怒らなきゃいけないぞと考えて怒る人。ぼくはどちらかというと後者ですね。だからこそ、横田さんみたいにガツンと怒る人へのあこがれがありました。でも、いろいろ調べていると、どうやら横田さんも最初から怒れた人じゃないらしい。どちらかというと温厚な人ですよ。介助者や作業所のスタッフに怒ることもあったようですけど、あとですごく気にしていたりする。だから横田さんも、はじめは声も身体も震わせながら怒っていたと思うんです。

九龍　映画『さようならCP』でも、横田さんが仲間たちから「もっとガツンと言わなきゃ」というふうに煽られるシーンがありますよね。ぼくが少しだけ関わらせてもらった晩年の横田さんは、穏やかななかにときおり厳しさを漂わせていました。そこにたどり着くまでにあまりにも多くの憤りや闘争やふれあいがあったと思うんですが、きっと最初は、「怒らなきゃいけない」と自分に言い聞かせて怒った人だったんじゃないかと、ぼくも思いました。

荒井　問題が解決するかしないかは別として、誰かの名誉や尊厳のためには怒らなきゃいけないことがあります。横田さんから「どうして荒井君は、もっと怒らないんだ」と何度か言われたんですけど、それは、ぼくのなかに「人間の尊厳が目減りすることへの危機感」が足りないことを指摘してくれていたんだと、最近になって気が付きました。

九龍　荒井さんがウェブで公開された「『相模原障害者殺傷事件』への『怒り』は足りていたか」[16]という原稿は、まさにその「怒り」について書かれたものでしたね。

荒井　相模原の事件[17]が起きた直後は、池田小事件[18]（二〇〇一年）のことも参照されて、精神障害の人たちに対する偏見や取り締まりが厳しくなるとみんな考えていた。だからぼくも、某誌の緊急特集号に「これは冷静に考えなければならない」と書いたんです。

でも、冷静に考えられてしまう自分って何なんだろう。だって、一九人も殺されて、二〇人以上がけがをしている。取り乱して、怒っていい事件のはずなのに。社会全体もわりと冷静でしたよね。でもそれって「この社会には、殺されても特に気にならない特定の人たちがいる」ということになってしまう。そのおぞましさに気が付いて、冷静でいてしまった自分に愕然としました。もちろん、身勝手な理屈でとんでもないことをした犯人への怒りはあります。でも、それだけじゃなくて、これだけの障害者が殺されたこと、尊厳が傷付けられたことに対しても、もっと怒らないと。

■インターネットは、「個人の顔」を消去する

九龍　ぼくは相模原障害者殺傷事件の犯行の真の理由が、実はお金目当てや個人的な恨みであってほしいといまだにどこかで願っているところがあるんです。でも、犯人は社会にとって「よい」ことだと思って一九人もの命を奪ったと言う。そんなことがまかりとおる

16　「『相模原障害者殺傷事件』への『怒り』は足りていたか」Webジャーナル『情報・知識&オピニオン imidas』二〇一七年七月二五日配信（https://imidas.jp/jijikaitai/f-40-151-17-07-g688）。

17　相模原の事件：第三話＊1を参照。

18　池田小事件：二〇〇一年六月八日、大阪教育大学附属池田小学校に、宅間守が刃物をもって侵入し、児童八人を殺害、児童一三名・教諭二名に重軽傷を負わせた事件。二〇〇三年、大阪地裁にて死刑判決が出され、翌年九月に執行された。この事件では、宅間守に精神科病院への通院歴があったことが大々的に報じられたことで、「危険な精神障害者が野放しになっている」といった批判的な世論が高まり、重大な罪を犯した精神障害者に対応するための法律、医療観察法（正式名称「心神喪失等の状態で重大な他害行為を行った者の医療及び観察等に関する

世の中、どうかしてますよ。本当なのか？　本当にそんなことを思って実行に移した人間がいるのか⁉　って、正直、混乱してしまうんです。

荒井　しかも、彼は施設の元職員だった。ぼくらは差別を乗り越えようとするときに、「現実の個人と向き合ってください」という言い方をしてきました。それが差別に抗う一つの方法なんだとぼくも信じていたし、そう教えてきた。でも、彼は現実の付き合いのなかで憎悪を膨らませていったわけですよ。ぼくが勤める大学は教員志望の学生が多いのですが、教員免許を取得するためには、特別支援学校や福祉施設への実習が必須なんです。障害者施設を体験する学生もたくさんいて、そこで様々な出会いがあるわけです。だから、この事件がまったく他人事とは思えなかった。彼は障害者と、どんな不幸な出会い方をしたんだろう。そこがいま、ものすごく気になっているんです。

九龍　犯人の過去のSNS投稿などを見たときに、ネットを通じて醸成されていたものが、最悪のかたちで出てしまったと感じました。かつてネットと現実は二元論で語れましたが、いまやネットは社会的インフラであり、現実の一部になりましたよね。しかし、それでもなお、ネットには現実社会に暮らす「個人の顔」を消去してしまうようなところがあって、実は限られた現実空間になっていると思うんです。

相手の「顔」が見えないと、人は平気で傷付けたりする。特にマイノリティを傷付けることへの抵抗感がどんどん弱くなっているように感じるんです。犯人もそうしたネットの空気のなかで感染した部分があるんじゃないかと。そう考えると、犯行の原因を個人的なパーソナリティのなかに押し込めることで見失ってしまうものがあるんじゃないかと思います。

荒井　土壌があって芽吹いた話でしょうね。土があって出てきたという。

法律」）が制定された。精神障害の当事者や家族会などからは、こうした報道および法律が精神科医療を利用する人たちへの偏見を助長するといった懸念・批判・反対意見が数多く提示されていた。

九龍　しかも、その土壌は少なからず私たちも共有している。気を付けないと、自分でも「個人の顔」を見失いかねない、と思っています。

■伝播する怒りが、社会のムードを変える

荒井　安保法制のデモがあったときに、よく知っているジャーナリストが「過激な運動じゃなにも変わらない。対案を提示したほうがいい」といった主旨のコメントを出していて、それは違うぞと思ったんです。怒りは怒りで示してもよいはずです。

九龍　そうです。それに怒りを表現するための方法だって、歴史的な蓄積がある。青い芝だってその一つですし、沖縄の阿波根昌鴻《あはごんしょうこう》*19のような非暴力の闘い方に学んだっていい。個人の「怒り」という原点に寄り添わずして、一足飛びに社会工学的に問題を解決しようという発想は、結局のところ既得権益のある人間の都合のいいようにしかならない。

荒井　権力や財力をもっている人に対しては、きちんと怒りをぶつけるべきです。いま、こうした人たちが「ルール」よりも「ムード」で物事を決めてしまっている。それがすごく怖い。まったく説明になってないのに「説明した雰囲気」で先に進もうとする。本来なら「一発レッド」みたいな発言をしても、なんとなくうやむやになって話が終わっている。しかも、そんな「ムード」に慣れてきてしまっている。恐ろしいですよ。「怒ってもなにも変わらない」と言う人もいますけど、おかしなムードは変えられるかもしれない。「強いほうが有利のムードって、おかしくない？」「ムードで物事決めるなよ！」と怒ることは、とても大事です。

九龍　怒りは伝播するんですよ。「保育園落ちた日本死ね!!!」というブログの言葉が国会

19　阿波根昌鴻：一九〇一～二〇〇二年。沖縄県生まれ。平和運動家。沖縄県での米軍基地建設（それに伴う土地の強制接収）に対する反対運動に尽力した。著書に『米軍と農民――沖縄県伊江島』（岩波新書、一九七三年）、『命こそ宝――沖縄反戦の心』（岩波新書、一九九二年）などがある。

まで届いたのも、その怒りが多くの人に実感として伝わったからだと思います。どんなに理論的な対案よりも、「保育園落ちた日本死ね!!!」の一言がインパクトをもった。

荒井 しかも与党の議員から「匿名である以上、実際本当に起こっているか、確認しようがない」とか「誰が書いたんだよ」と反論があったことで、「私だ」「私だ」と賛同者が集まるようになっていった。

九龍 あの議員のボケにツッコんだかたちになりました。抑圧されるとさらに怒りは増していきます。そして、実はこうした怒りのインパクトこそ、「ムード」によって力をもっている人たちにとっては怖いことだったりするんですよね。「ムード」は逆の「ムード」によってひっくり返る可能性がありますから。

荒井 怒りを孤立させなかったのがよかったですね。相模原事件でぼくたちは、もしかしたら怒りを孤立させてきたんじゃないか。ぼくはそう反省しています。青い芝の会の活動って常に怒ってきたじゃないですか。

九龍 怒り、を大事にしてきましたよね。たぶん、冷静になることはけっして難しいことではないんです。だけど、どうもおかしいと思ったら、声をあげなきゃいけない。それは青い芝の会から学べることだと思います。

荒井 日本語には「悲しみを分かち合う」という言葉はありますが、「怒りを分かち合う」という表現はありません。でも、怒りだって分かち合うべきだと思うんです。相模原の事件も、ぼくたちはまっとうに怒らないといけないんだと思います。ぼくだって、怒らないで済むなら怒りたくなんてない。家で息子と『ドラえもん』でも観ていたい。

九龍 「まっとうに怒る」っていい言葉ですね。そのことが難しいとしたら、かなりやばい状況だと思います。そのたびに、横田さんのような穏やかな人でさえ、いまだにこうやって語り継がれるほど怒っていたことを思い出しましょう。

くーろん・じょー………一九七六年生まれ。編集者、ライター。著書に『メモリースティック　ポップカルチャーと社会をつなぐやり方』（DUブックス）など。編集を手がけた書籍・雑誌ほか多数。『文學界』、『WIRED』ウェブ版、松竹公式サイトにて連載中。

初出：「クリエイターと読者をつなぐサイトcakes」連載「荒井裕樹×九龍ジョー　『青い芝』の戦い」（https://cakes.mu/posts/22513）全六回（二〇一八年九月二二日、九月二九日、一〇月六日、一〇月一三日、一〇月二〇日、一〇月二七日）

構成：山本ぽてと

第二話

「善意」と闘うことは「悪意」と闘うことより難しい

対談者・尾上浩二

学生時代に青い芝の会に参加して以来、長らく障害者運動の第一線でご活躍されてきた尾上浩二さん。「障害者が街を歩けば、差別に当たる」と揶揄された一九七〇〜八〇年代に行動綱領と出会い、解放感を味わった一人です。青い芝の会をはじめとした日本の障害者運動がもつ強み・底力について語っていただきました。

■青い芝の会「行動綱領」との出会い

荒井　まず、尾上さんにお話をお聞きしたいと思った事情から説明させてください。私は学生時代に、このような本（『障害と文学――「しののめ」から「青い芝の会」へ』現代書館、二〇一一年）を書きました。横田弘さんと花田春兆さん[*1]という、脳性マヒ者の世界の長老からお話をうかがって、障害者の文学活動と社会運動の関係性について考えました。

この本を出した後に、横田弘さんから「これまで自分がやってきたことや、青い芝の会の『行動綱領』[*2]（以下、「行動綱領」）の歴史について、まとめておいてくれないか」というご依頼をいただいたんです。どうやら横田さんのなかには、若い人たちにもわかりやすく障害者運動の思想を伝えられるような本があったらいいんじゃないか、というお考えがあったようなんです。このお話をいただいて、正直、私はとても驚いてしまいました。というのは、横田さんはご自身の運動のなかで「わかりやすさ」というものをあまり重視されない方でしたから。

尾上　「わかりやすさ」で見落とされがちな差別意識を抉り出すのが横田さんの持ち味でしたからね。

荒井　はい。これは大変な宿題を仰せつかったと困惑してしまいました。それで横田さん

1　花田春兆：第一話＊6を参照。

2　青い芝の会の「行動綱領」：横田弘（青い芝の会神奈川県連合会）が起草した四項目からなるテーゼ。神奈川県連合会の機関誌『あゆみ』第一一号（一九七〇年一〇月二五日）にはじめて掲載された。全文は以下の通り。

われらかく行動する
一、われらは自らがCP者である事を自覚する
われらは、現代社会にあって「本来あってはならない存在」とされつつ

がお亡くなりになった後、花田春兆さんのところにもご相談にうかがったんです。そうしたら「横田君の意志っていうのは、歴史的な遺物なんかじゃないんだよ。きっといろんな人が脈々と受け継いでるんだよ。その意志が生きて受け継がれている様子を書いておいたらいい」というアドバイスをいただきまして、なんだか少し道筋が見えたような気がしました。

　横田さんの意志というのは「行動綱領」に凝縮しているはずで、その綱領と出会ったことで人生が変わったという方にお話をお聞きすることからはじめたいと思いました。そこで最初にお話をお聞きするとしたら、やはり尾上さんだろうと。ですから、今日は「DPI日本会議事務局長（対談当時）の尾上浩二氏に障害者問題の現状をうかがう」というわけではなく、尾上さんという一人の人間の形成史というか、尾上さんのエネルギー源になっている部分について、お聞きしたいと思っています。

　すみません、話の取っかかりにお尋ねしたいのですが、この写真の方、作業所のような場所で機械を組み立てているんですけど、どなたかおわかりですか？〔しののめ編集部『家族・教育・障害児』（しののめ増刊、一九七七年）の扉掲載の写真を示す〕

尾上　これは……え、横塚晃一さん？　顔から首の右側にかけての緊張の出方が、横塚さんですね。

荒井　やっぱり横塚さんですよね。場所がどこかはわからないんですけど、作業所のようなところで仕事をされている。横田さんによると、横塚さんはお父様が有名な教育者だったようですね。横塚さんご自身も整肢療護園[*3]を出てらっしゃいます。当時の障害者のなかで、光明養護学校[*4]と整肢療護園に行ける人というのは……。

尾上　エリート中のエリートですね。私の親の世代の半分慰めの混じった冗談で「障害者

ある自らの位置を認識し、そこに一切の運動の原点をおかなければならないと信じ、且、行動する。

一、われらは強烈な自己主張を行なう
　われらがCP者である事を自覚したとき、そこに起るのは自らを守ろうとする意志である。われらは強烈な自己主張こそそれを成しうる唯一の路であると信じ、且、行動する。

一、われらは愛と正義を否定する
　われらは愛と正義の持つエゴイズムを鋭く告発し、それを否定する事によって生じる人間凝視に伴う相互理解こそ真の福祉であると信じ、且、行動する。

一、われらは問題解決の路を選ばない
　われらは安易に問題の解決を図ろうとすることがいかに危険な妥協への出発であるか、身をもって知ってきた。われらは、次々と問題提起を行なうことのみ我等の行いうる運動であると信じ、且、行動する。

　当時、横田は機関誌『あゆみ』の編集を担当しており、ほぼ独断でこの綱領を掲載したために、仲間たちからは大変な反発を受けたという。

の東大＝光明養護、障害者の阪大＝堺養護[*5]なんて言ってましたから（笑）。ぼくは「阪大」を出たわけです（笑）。光明養護や整肢療護園というのは、そういう位置付けですね。

荒井　横塚さんって、人生のある時期までは、いわゆる「どこに出しても恥ずかしくない障害者」だったんだと思うんですね。それが、あの『母よ！殺すな』の横塚晃一になっていく。私は一人の人間が生まれ変わっていく、その心の変化というか、厳しい道のりのようなものに関心があるんです。一九七〇～八〇年代に障害者運動に関わった人たちの体験記などを読んでいると、「行動綱領」に触れた瞬間に、ちょっと大げさですけど「生まれ変わった感覚」のようなものを体験されている方が多い。その人たちの人生のなかで「行動綱領」とはなんだったのか。それについて知りたいと思いました。

　それで、いきなり大きな質問で恐縮なのですが、尾上さんは、はじめて「行動綱領」に接したとき、どんなご感想をおもちでしたか？

尾上　そうですね、ぼくは高校時代に「障害者としてのアイデンティティ」とか「障害者として生きることの意味」というのを誰にも相談できずに悩んでいたんですね。もちろん、これはいまからふり返ればそうだったというもので、当時はよくわからずに、ただ悶々としていたんですけど。それで、吉本隆明とか大江健三郎とかの評論とか文学に惹かれるものがあって読んでいました。でも、読んでも読んでもわからなくなるんですよね。悩む感覚っていうのはわかるんだけれども、それが自分自身の悩みに直結しなかったんですね。で、当時は本を読む人なら大抵マルクスとかの社会科学系の本も読んだんですよ。いまよりずっと簡単に手に入りましたからね。ぼくもそういった本をよく読んでいて、社会構造的な視点を獲得したっていうわけではないんですけど、そういった本を読み漁った者の感覚からすると、「行動綱領」の第一印象は、社会構造的な問題というよりは、目の前の関

なお右記の「行動綱領」は、その後、全国青い芝の会第二回全国大会（一九七五年二月二四～二六日・箱根）で次の一項目が追加され、現在は五項目のものが広く知られている。

一、われらは健全者文明を否定する。
　われらは健全者の作り出してきた現代文明が、われら脳性マヒ者を弾き出すことによってのみ成り立ってきたことを認識し、運動及び日常生活の中からわれら独自の文化を創り出すことが現代文明への告発に通じることを信じ、且つ行動する。

　ここに示された強烈な自己主張の姿勢は青い芝の会内だけでなく、七〇～八〇年代の障害者運動に関わった人びとに多大な影響を与えることになる。

3　整肢療護園：一九四二年、肢体不自由児の療育施設として、東京都板橋区小茂根に開園。設立には、整形外科医の高木憲次（東京帝国大学教授、一八八九～一九六三年）や田代義徳（外科医・東京帝国大学教授、一八六四～一九三八年）らが尽力した。一九八〇年、同園はむらさき愛育園（一九六七年開設）と統括するかたちで心身障害児総合医療療育セン

係性の問題ですね。親とか施設の職員とかですね、それを痛烈に批判しているという感じでした。

でもね、それと同時にもう一つの印象があったんですよ。「行動綱領」というと「愛と正義を否定する」「問題解決の路を選ばない」というテーゼが注目されますけど、ぼくは一つ目のテーゼですね、徹底した自己凝視を通じての自己主張というか、「本来あってはならない存在」としての自己を徹底して自覚するという、そこにピーンときましたね。ぼくは当時、高橋和巳が好きで、特に『邪宗門』（一九六五年）なんか面白かったんですけど、その高橋和巳の自己否定の論理、他者を糾弾するときにはそれに見合うだけの自己を確立しているかどうか、という発想と、自分のなかで「行動綱領」の第一テーゼとが、ぴったり合ったんですね。「すとん」と落ちたという感覚でした。

荒井　横田さんも「行動綱領は第一テーゼが一番大事なんだ」と繰り返しおっしゃっていました。実はこの「行動綱領」、いろいろと紆余曲折というか、入り組んだ事情があるようなんですね。これはもともと青い芝の会神奈川県連合会の仲間内のものでした。それが一九七五年に、全国各地につくられた青い芝の会の連絡組織である、全国青い芝の会の綱領として採択されているんです。このとき、箱根で総会が開かれているんですが、その場で「行動綱領」の採択について一部の支部から反対意見が出ています。一番反対したのは東京青い芝で、代案まで出しています。ちょっと読んでみます。

一、われらは自己の確立を目指して行動する。
　われらは、人間としての営みに不可欠な諸条件を獲得し、それを権利として普遍化していく活動が人間及び社会の有り方を問うことにつながると信じ、且つ行動する。

ターと総称されることになった。

4　光明養護学校：現在の校名は「東京都立光明特別支援学校」（東京都世田谷区）。一九三二年、日本初の公立肢体不自由児学校「東京市立光明学校」（法的な位置付けでは「各種学校」）として麻布に開校。開校時は大正期の教養主義とデモクラシーの影響を受け、個性重視の極めて先進的な教育方針が採られていた。一九三九年、現在の校地（世田谷区松原）に移転。同窓会組織「仰光会」は強い結束力をもち、戦後の障害者運動の現場でも大きな影響力を有した。もともと青い芝の会も、同校の卒業生である高山久子・金沢英児・山北厚らによって一九五七年に結成された。

5　堺養護：一九五六年「大阪府立養護学校」として開校。一九六六年に「大阪府立堺養護学校」に改称。現在の校名は「大阪府立堺支援学校」（大阪府堺市堺区）。一九五二年「大阪府立盲学校」の校内に肢体不自由教育のための特殊学級が開設されたことが起源となっている。

一、われらは、脳性マヒ者こそ人間の権利の問題の最も端的な具現者であると確信する。人間の生きる権利と自由はまさにそれ自体として尊ばれ守られるべきであり、決して能力の程度などによって割引きされてはならないと信じ、且つ行動する。

一、われらは優生思想と闘う。われらは、人間が人間を差別し、抹殺する傲慢を殺される側の立場から告発し、問題提起をし続けることが、人間の歴史に於ける自らの社会的任務であると信じ、且つ行動する。

(「全国大会代議員報告」『とうきょう青い芝』六号、一九七五年一二月二五日、二一頁)

これ、いまの綱領と言っていることが正反対ですよね。

尾上　まさに。いま聞いていて、同じことを言おうと思っていました。凝視するベクトルの向きが違うというか……。

荒井　横田さんに「行動綱領」についてお話をうかがっていたとき、「俺たちは自分というものを奪われているんだ。自分がないんだ。そこを見つめなくちゃいけないんだ。安易に自己を確立するとか言っちゃいけないんだ」とおっしゃっていたのを覚えています。

尾上　「本来あってはならない存在」としておかれていることを徹底して自覚するという、そこですよね。

荒井　私は東京青い芝が提出した代案を批判するつもりはありませんし、そんな資格もないんですけど、ただ東京の方々と横田さんたちとでは、目指していた方向性が違うんだろうな、という印象をもっています。

尾上　あるいは、現在の社会によって存在そのものが否定されているという非和解性に関わる認識が違う感じがしますね。ぼくがいた大阪青い芝は、神奈川青い芝とならんで、この路線（横田弘氏の「行動綱領」の路線）を推し進めてきたグループなので、こういう代案が出ていたということは、いまはじめて知りました。

荒井　横田さんの「行動綱領」は、健全者と激しく切り結ぶことによって「否定されている自分」が見えてくる、という発想だったんだと思います。東京青い芝が提出した代案は、協調したり、調整したり、意見を積み重ねていくことで生きていく道が見えてくる、ということだったんだろうと思います。まさに、東京青い芝の運動方針と一致していますね。

■七〇年代の運動のうねりのなかで

荒井　一九七九年に、全国青い芝の会は全障連[*6]から脱退しますね。これは日本の戦後障害者運動の歴史のなかでも特筆すべき事件だったようにも思います。どうやら「行動綱領」の取り扱いについて、青い芝の会と全障連との間に意見の相違があったようですね。そのあたりの事情をご存じであればお聞きしたいのですが。

尾上　一九七九年というのは、ぼくがちょうど運動をはじめた頃でしたね。その前年の京都大会のときに、全障連のなかでも青い芝の「行動綱領」に該当するような綱領をもつべきだという議論があったんです。その背後には、障害者と健全者との関係をきちんと律するべきだという隠れテーゼのようなものがあったんですけど。そのときぼくは大学の一回生で、この京都大会がはじめて参加した全障連大会でした。

　ぼくは障害者運動の世代としては、「第一・五世代」というような微妙な位置にいるんですよ。そんな感覚があるんですね。というのは一九七二年に『さようならＣＰ』[*7]がつくら

6　全障連：正式名称は「全国障害者解放運動連絡会議」。一九七六年八月、関西青い芝の会連合会と関西障害者解放委員会、および埼玉県で教育権を勝ち取るための闘争をしていた脳性マヒ者の八木下浩一の呼びかけによって、障害種別を超えて「障害者の自立と解放」を勝ち取ることを目的として結成された。基本的には独立した運動団体の連絡協議機関であるが、養護学校義務化阻止闘争（＊10）や赤堀裁判闘争（＊11）といった中心的課題では、全国で統一した組織闘争も繰り広げた。重度障害者の当事者性を重んじた団体であったために、全国障害者問題研究会（第四話＊9）への批判・

れて、その上映実行委員会というかたちで関西各地に青い芝の会がどんどんつくられていくんですね。それで関西の組織ができ上がっていくのと同時に全国組織も準備されていって、青い芝は一気に広がったんですけど、一九七七年に大阪の青い芝の支援をしていた「グループ・ゴリラ」という健全者の組織との関係が火種になって「緊急あぴいる」[*8]というのが出されたんですね。それこそ障害者と健全者の関係性はいまのままでいいのか、ということを問うような提起だったんですけど、背景には「闘争疲れ」みたいなものもあったと思うんです。ぼくが運動に入ったのは、その「緊急あぴいる」が出て、関西青い芝の会という組織がガタガタしていた時期なんです。自分を運動に誘った二、三歳上の人たちがどんどんいなくなっていくんですよね。で、年上の人が抜けてしまったものだから、もう一度運動を立て直そうといううねりに巻き込まれることになりました。だから「第一・五世代」なんです。

全障連って、今年（二〇一四年）の二月にお亡くなりになった楠敏雄[*9]さんを中心とした関西の障害者解放委員会と、横塚晃一さんを中心とした青い芝の会が中心になってできたんですね。ただ、最大の立役者の横塚さんは七八年の七月に亡くなられてしまいました。その直後の八月に全障連大会があって、全国青い芝から自分たちの「行動綱領」を全障連でも採択せよという動議が出されたようです。全障連のなかにもいろいろと意見があって、そもそも全障連というのは養護学校義務化阻止闘争[*10]と赤堀裁判闘争[*11]という二大闘争を軸にした連絡組織なんですね。名称も「連絡会議」なので、綱領に該当するものは不要なんじゃないかという意見もあって、結局、全障連で「行動綱領」は採択されなかったんです。

それが直接的なきっかけになって、翌年に全国青い芝は全障連から脱退するんです。でも、ぼくがいた大阪青い芝は全障連のなかにとどまるべきだとなって、七八年くらいから

対決意識を強くもっていた。結成当初の全障連における青い芝の会の影響力は非常に大きく、初代代表幹事に横塚晃一（神奈川県連合会）、副幹事に白石清春（福島青い芝の会）が就任したのに加え、全国各ブロック代表の半数以上を青い芝の会員が担っていた。

7　映画『さようならCP』：第四話、原一男氏との対談を参照。

8　「緊急あぴいる」：一九七七年一〇月、関西青い芝の会、関西ゴリラ連合会（ゴリラ＝自立障害者集団友人組織グループ・ゴリラ。青い芝会員の介助や外出支援を行う健全者による友人組織）、障害者問題資料センター・りぼん社（関西地方における『さようならCP』上映事務局を引き継いだ出版社）の連名で出された声明文。障害当事者である青い芝の会と、それを支援する健全者たちの関係性の歪みを痛烈に批判した。その後、全国青い芝の会がグループ・ゴリラの解散を決定するが、それに大阪青い芝が反対して関西青い芝の会を脱会するなど、関西地区の青い芝の会は大変な混迷期に入ることになる。

9　楠敏雄：一九四四～二〇一四年、北

全国青い芝とは袂を分かつ、というかたちになるんですね。

荒井　全障連の機関誌のバックナンバーなどでこのときの議論を追いかけてみると、だいぶ楠敏雄さんがご苦労されていた様子がうかがえます。楠さんは「行動綱領」に否定的な見解をおもちのようでしたね。書かれたものを拝見すると、「行動綱領」は観念的・抽象的すぎて、組織を運営していく上では適切ではない、というご意見だったようです。この点、以前横田さんにご意見をうかがったことがあるのですが、横田さんとしては「行動綱領は組織運営を目的としたものではない」とのことでした。

尾上　運動家一人ひとりの「構え」みたいなものですよね。

荒井　そうです。だから私は、横田さんに「それって戦陣訓みたいなものですか？」なんて言ってしまったことがありました（笑）。これは横田さんからもっと話を聞いておくべきことだったんですが、横田さんと横塚さんは、基本的な考え方が全然違うんだそうですね。横塚さんというのは、運動は大きいほうがいいし、きちんと組織立っているほうがいい、というお考えで、一方の横田さんは、運動は自分たちの住むローカルなエリアで、顔が見えて、信頼できる仲間たちとつなげていくほうがいい、というお考えなんだそうです。だから横塚さんは関西に行って全国組織の設立に尽力しましたし、横田さんは地元横浜に残られました。

尾上　それは意識的に役割分担されてたんでしょうかね？　イデオローグの横田さんと、オルガナイザーとしての横塚さんと。まあ、ぼくからすれば、どちらも雲上人という感じですが（笑）。

荒井　横田さんご自身、毛沢東と周恩来っておっしゃっていました（笑）。なので、なんとなく分けていらっしゃったんだろうと思います。で、これは本来であれば横田さんにお

海道生まれ。二歳のときに結膜炎にかかり、医師の診断・治療の誤りにより失明。横塚晃一とともに全障連の結成に尽力し、その後、全障連全国代表幹事、DPI日本会議副議長、「障害者の自立と完全参加を目指す大阪連絡会議」（障大連）議長などを歴任。一九七三〜八五年には大阪府立高校で英語科非常勤講師も務めた。著書に、『「障害者」解放とは何か――「障害者」として生きることと解放運動』（柘植書房、一九八二年）、『自立と共生を求めて――障害者からの提言』（解放出版社、一九九八年）。

10　養護学校義務化阻止闘争：文部省（当時）は一九七二年度を初年度として、七カ年計画で「全対象学齢児童生徒を就学させるのに必要な養護学校の整備を図ること」を目的とした「特殊教育拡充計画」を発表した（文部科学省『学制百二十年史』より）。養護学校の義務化については、各種障害者団体や障害児をもつ親の会、あるいは医療・福祉・教育関係者の団体のなかでも賛否両論あったが、反対意見をもつ団体が連帯し養護学校義務化阻止共闘会議が結成された（一九七六年）。全障連も、養護学校義務化は障害をもつ児童の隔離・選別・分離教育を推し進めるとして、組織をあげて反対運動を展開

聞きしなければいけなかったことなんですが、全国青い芝の会が全障連から抜けるとき、横田さんのなかで大きく二つの問題が引っかかっていたようです。一つは「脳性マヒ者以外の障害者と運動ができるか」という問題。もう一つは「健全者と一緒に闘えるか」という問題。例えば、青い芝が全障連から脱退するとき、横田さんは次のようにおっしゃっています。

「今日の全国的な様々な問題、全国でおこっている様々な問題原因はいろいろあると思います。しかし私としてはその大きな原因として、自分達が脳性マヒ者ということを、いつか障害者という言葉に置きかえてしまった。障害者一般という形で、自分達の立場を忘れてしまった。障害者は、本来あってはならない存在ではなく、障害者の中で脳性マヒ者が本来あってはならない存在なのだということです。行動綱領の中で、自らをCP者として自覚すると言っておきながら、言葉も意識も障害者一般におきかえられているとこれは非常に大きいと思うんです。私はこの際もう一回『青い芝』が、『青い芝』の原点に立ち帰って、障害者の中でも、抑圧、あるいは殺されていく対象としての脳性マヒ者であり、CP者であるというところからもう一回、生きるとは何かを考えたい。健全者とのかかわりも考えたい。考えていかなければならないのではないかと思います。」

（「第二回　全国委員会議事録」『青い芝』一〇四号、一九七八年九月、三三頁）

尾上　まず「健全者と一緒に闘えるか」という問題からすると、そもそも存在論的に障害者と健全者は共闘できるのかっていう話もあると思うんですね。でも、それとは別に全障

した。

11　赤堀裁判闘争：一九五四年三月、静岡県島田市で一人の幼女が行方不明となった後、死体で発見されるという事件が発生した。その後、「知的障害」と精神科病院への入院歴のあった赤堀政夫が別件逮捕され、厳しい取り調べの末、同事件について自身の犯行であったと「自白」することになる。起訴後の裁判にて、赤堀は一貫して「自白」が不当に強要されたものであり、自分は無実であることを主張したものの、死刑判決が下された。その後、支援者らによる度重なる再審請求により、一九八九年に無罪が確定した。全障連は結成当初から、この事件が「精神障害者」に対する「差別裁判」であるとして、赤堀への支援活動に取り組んでいた。

連への対応という文脈から言うと、障害者を政治的に利用するような運動もあったりしたので、それとの関係で健全者に対して警戒心を抱いた、ということもあったんだろうと思いますね。

もう一つの「脳性マヒ者以外の障害者と運動できるか」という点なのですが、「脳性マヒ者＝障害者の一部ではない」という、そこが難しいところですね。日本の障害者政策って、それこそ傷痍軍人からはじまって、身体障害でいうと切断などの中途障害を主な対象に設定していたんですね。これは関西青い芝風の表現を使えば、「首から上健全者」という言い方が当時あったんですけど、そういった下半身に障害があっても、なんらかの配慮、いま風にいうとバリアフリーになっていれば健全者並みにやれる人間と、全身に障害がある脳性マヒ者とは違うんだという、そういう意味での脳性マヒの独自性というんでしょうか。「リハビリテーション」の対象からすら外されていく。そういう制度・政策の中心から周縁化された存在としての脳性マヒ者という意味では、ぼくの実感としてもよくわかるんだけど。でも、運動のなかで「脳性マヒ者は他の障害者とは違う」とまで横田さんは考えてらっしゃったのかな……。それはいまお聞きして、少し意外でしたね。

ぼくがいた大阪市立大学って、奈良の梅谷尚司君[*12]という少年の就学運動を支援していたんですね。梅谷君が地域の中学校に入学を拒否されて、週一回大阪市大に通っていたんですよ。それで、これは別に大阪青い芝が懐が深かったとかそういう話ではなくて、実践的に脳性マヒ者以外の運動にも関わっていたんですね。だから、「脳性マヒ者の主体性」や「脳性マヒ者ペース」ということにはもちろんこだわるんですけど、だからこそ、自分たちが道を切り拓くことが他の障害者にも関係しているんだっていう見方があったんだと思うんですね。

12 梅谷尚司：一九六八年、奈良県生まれ。三歳児健診のときに「多動性情緒障害」と診断される。地域の幼稚園・小学校に入れず、県立養護学校に入学の後、国立重度心身障害児施設に入所。管理主義的で差別的な施設の状況に母・明子が反発し、地域の富雄中学への入学を実現するため、学校・市教委を相手に通学受け入れを求める運動を起こした。全障連

■「善意」と闘う難しさ

荒井　横田さんが、どこまで「脳性マヒ者」ということにこだわったのか、そこがすごく気になるところです。これは「行動綱領」の哲学に深く関わることですね。横田さんに何度もお会いしてお話を聞いているうちに、この方は運動家というよりも、思想家とか哲学者という肩書きのほうがふさわしいんじゃないかと思うようになりました。例えば、横田さんの書かれたものや、神奈川青い芝の資料を読んでいると、日本国憲法についての記述がないんですね。青い芝の会って、もともとは山北厚さん、高山久子さん、金沢英児さん[*13]といった、それこそさっきの「障害者の東大」の光明学校の卒業生たちが立ち上げたわけですよね。その方々がつくった最初期の「会則」には日本国憲法の記述があったんです。憲法が保障する労働権や教育権を勝ち取っていこう、という主張です。これは結核患者を中心とした日患同盟（日本患者同盟）や、ハンセン病患者の全患協（全国ハンセン病療養所患者協議会）とも通じる主張です。

　その後、青い芝の会は事務所費の不祥事などで組織が危機に陥って、一九七三年に横田さんや横塚さんたちが青い芝の改革委員会をつくるんですね。それで、まず取りかかったのは「会則」の変更でした。日本国憲法の記述を削除して、代わりに「自分たちはあってはならない者として規定されていることへの自覚」を入れているんです。横田さんに言わせると、日本国憲法というのは健全者の権力者がつくったものだと。私は横田さんとお会いする以前には、患者運動の研究をしていました。患者運動を闘った人にとっては、憲法二五条の「生存権」って最大の味方だったんですね。それが横田さんたちの文章には出て

は結成大会（一九七六年）で明子の訴えを聞いて以降、在宅訪問やボランティアによる二四時間介護というかたちで二人を支援した。養護学校義務化阻止闘争の象徴的な運動として、東京で養護学校から地元の普通学校への転校闘争を展開していた金井康治の闘争とあわせ、「東の金井、西の梅谷」と称された。

13　山北厚さん、高山久子さん、金沢英児さん：脳性マヒ者。光明学校卒業後、花田春兆（第一話＊6）らとともに文芸同人団体「しののめ」を結成（一九四七年）。この「しののめ」が母体となり、脳性マヒ者の生活上の諸問題を考える懇談会として青い芝の会が誕生した。

こない。「生存権」という言葉自体はアジビラなんかには出てくるんですけど、単純に「生きさせろ」という意味合いが強くて、日本国憲法の文脈では使っていないんですね。簡単に言うと、日本国憲法に期待していない。これは他の障害者運動や患者運動と青い芝の会が決定的に異なる点です。

尾上　横田さん、横塚さんにならえば、戦後民主主義のなかで高度経済成長の豊かな繁栄がもたらされたんだけれど、そこから疎外され差別されてきたのが自分たちだ、ということだと思うんですね。重度障害者がおむつを替えるのに腰を動かすこと自体が「労働」として認められるような社会にならなければ、我々の解放なんてあり得ないんだ、と。いまでこそ戦後の民主主義がどの程度のものであり、高度成長の豊かさがその裏側でどれだけの影を生み出したのかというのは、いろんな人たちが指摘していますけど、そのまっただなかでわが身をもってそれを提起していた立場からすると、戦後の近代化の限界を肌で感じていたんだと思います。

もう少し言えば、それこそフランス革命にはじまる「自由」や「平等」というのは、結局その当時の「有産」の「男性」の「健全」の人たちをモデルにしてきたものが広まってきたわけですよね。それをベースにしていろいろなもの、例えば普通選挙ということで財産による制限がなくなったり、女性の参政権が加わったりしてきた。それで「合理的配慮」ということで障害者もそこに付け加えられてきた、という歴史からすれば、横田さんたちが日本国憲法に代表される戦後民主主義に期待していなかったというのは、ぼくはそこのところはあながち違和感ないですよ。むしろ、戦後の「民主主義」や「教育権の保障」ということで養護学校義務化も進められたとも言えるわけですから。

荒井　それはカッコつきの「善意」ということですよね。

尾上　そうです。

荒井　横田さんは、そこにものすごく敏感な方だったんですよね。「善意」というかたちで鋭い刃が向けられている。青い芝って、その「善意」にはじめて牙をむいた運動だったわけですよね。「母よ！殺すな」という言葉が象徴的ですけど。でも、「善意」と闘うことって、「悪意」と闘うよりも難しいような気がします……。

尾上　そうです。先日もツイッターでつぶやきましたけど、「地獄への道は善意で敷き詰められている」んですよ。

■聖人君子がやる運動なんて面白くない

荒井　長らく神奈川県庁で、横田さんたちと福祉行政の現場で向き合ってこられた臼井正樹先生[*14]にご教示いただいたお話なのですが、横田さんは行政交渉の場で「権利」という言葉を使ったことがないんだそうです。そう言われれば、確かに思い当たる節があります。横田さんの文章のなかには「ただそれだけのこと」というフレーズがよく出てくるんですね。生きていたい、ただそれだけのこと。それは「権利」でさえない、というのが横田さんの考え方だったんだろうと思います。

尾上　そういう意味での根源性っていうのを重視されていたのだと思うんです。「当たり前」のことを言っているだけだっていう。わざわざ社会思想的な理屈をもってこなければ、我々は生きちゃいけないのか、という問いなんだと思うんですよね。

荒井　実は、そこがお聞きしたいところでもあるんです。その「根源性」を維持しながら、運動を引き継いでいけるのかということなんです。例えば、それ以前に獲得した「権利」

14　臼井正樹：一九五三年生まれ。京都大学理学部卒。元神奈川県庁職員。現在は神奈川県立保健福祉大学教授。

や「制度」といったものは、「失われた」ということがわかりやすいですよね。でも、個々人の運動家たちが積み重ねてきた哲学や思想は、「失われた」ということ自体がわかりにくい。それらをどう次の世代につないでいけるのか、そこが気になっています。

横田さんたちの世代、あるいは花田春兆さんといった横田さんより上の世代の方々から、自分たちの運動が若い世代につながっていないもどかしさをよくお聞きしてきました。七〇～八〇年代の運動を牽引されてきた方と、現在いろいろな問題に直面している二〇～三〇代の若い人たちの間に、断層のようなものがあるように感じられてなりません。

ちょっと障害者運動という文脈から離れますけど、私がいま一番なにに悩んでいるかというと、子育てに悩んでいます。待機児童や保育所の問題は本当に深刻です。私たち夫婦も本当に大変な思いをしました。いわゆる「保活」（保育園に子どもを入れるための活動）をしていて、ようやく入れることになってホッと一息ついていたとき、テレビで保育園に入れない子どもを抱えた親たちが連帯して、自治体に「不服申し立て」をしたというニュースを見ました。ああ、自分たちが悩んでいたことは、「不服申し立て」してもよいことだったのだと知り、少し気持ちが軽くなりました。それと同時に、同じ悩みを抱えている者として心強い思いもしました。

でも、ある雑誌で有名な運動家の方が、「そんなことをする前に共同保育所をつくったほうがいい。私たちの世代だったらそうしていた」という主旨のお話をされていたんですね。でも、その時々で生きている人たちのおかれている状況というのは違うし、アクセスできる資源も異なります。共同保育所というのは、特に都市部で、共働きで子育てをしている真っ最中の者としての生活感覚からすると、まったく現実的な選択肢として実感できないんです。そんななかで自治体に対してアクションを起こした親たちは、自分たちなりに、困っている者同士で必死に手をつないだんだと思います。でも、その様子が、もっといろいろと教えて欲しいはずの上の世代から「その手のつなぎ方はなってない！」とダメ出しされてしまう。そこがなんだか、とてもやりきれない。

もちろん、ずっと闘ってこられた上の世代の方々から「権力との闘い方」を学ぶことは必要だと思います。「権力との闘い方」というほど大げさでなくても、先輩たちのアドバイスや苦労話を聞かせてもらって、ちょっとホッとできて、助けられたことも何度もあります。でも上の世代の方々が教えてくれることと、いま悩んでいる私たちのおかれている状況と、「なんか噛み合わないなぁ」というもどかしさのようなものを感じることも事実です。

尾上　自分なりに思うことは二つありますね。

一つは、その時々の運動でなにが焦点になるか、どういった形態の運動になるかは、その時々によるとしか言いようがない。ぼくの親は戦中派世代で、子どもの頃よく親から「自分たちが若い頃は、今日の晩御飯食べるのも苦労したんだ」とずっと言われてきたんです。でもね、そういう昔の苦労話を聞かせてもらってなにかを得たかというと、得られてないんですよね。これはぼくの世代も気を付けなきゃいけないんですけど、昔の苦労話をいくら持ち出しても、いまの教訓というか糧にはならないと思うんです。

もう一つは、思想を深めるというか、思想というふうに明確に言語化されたものの一歩手前と言ってもいいのかな、この世の中に対して自分はどういう存在であり、そこにどういう構えをもって臨んでいくのかというのを「思想」というのであれば、そういった「思想」を形成しにくい時代だなと思うんです。

さっきも言いましたけど、ぼくは高校生くらいのときにいろいろと悩んでいて、文学作品をはじめ片っ端から目についた本を読んでたんですね。でも、そういったものの本に書いてあることが、知識としてはわかっても、自分が障害者であるという実感となかなか結び付かなかったんです。それであるとき、自立生活していた障害者のところに行ったんですけど、その人が「怒り上戸」で、お酒が入って目が据わったと思ったら「尾上！　お前は障害者として開き直りが足らん！　犬も歩けば棒に当たるって言うやろ！　障害者も街に出れば差別が向こうからやってくるんや！　それに負けたらあかんのや！」って言われたんですよ。それが変な話、自分のなかで「すとん」と落ちたんです。ぼくらの時代は「差別が向こうからやってくる」という感覚がわかりやすかったんですよ。で、いまという時代状況、社会状況のなかで、一人ひとりの「すとん」という実感に訴えるような、さっきの「構え」につながるような運動への動機を伝えられるか、というのが一番大きな課題ですね。

荒井　昔の運動を知っている方の話を聞くと、アルコールの匂いのする古アパートで、本当に取っ組み合いながら運動について語ったなんて昔話がよく出てきますよね。いまはなかなかそんな関係性も少なくなってきていると思います。

尾上　そういえば、昔はなにかあるとしょっちゅう合宿してましたね。別になにか議題があって結論を出す、なんていう整理されたものじゃないんですけど、とにかく夜を徹して話し合うというのがありましたね。というのは、社会には自分たち障害者を否定する情報ばかりが蔓延しているわけでしょう。それに立ち向かうためには、闘うための根拠地みたいなものが必要なんですよね。合宿っていうのは、そういう根拠地をつくる役割を自然に果たしていたんですよ。

荒井　いまは下手すると、話し相手がヘルパーさんしかいない、なんてことも珍しくないようですね。いま尾上さんから「思想を形成しにくい時代」というお話が出ましたけど、そもそも運動と出会うための入口というのでしょうか、物事を自分の生活というものに引き付けて考えてみようという取っ掛かりも得にくくなっているのかもしれませんね。

尾上　ぼくが運動の世界に入っていった頃は、例えば映画に行きたいからバスに乗りたいとか、あるいは彼女が欲しいから親許を離れたいとか、そういった動機で障害者運動の世界に入ることは、ごく当たり前のことだったんですよね。すごく高い理念とか理想に燃えた人間だけがやる運動なんて面白くないって、ぼくは思うんですよ。そうじゃなくて、人間として「当たり前」の欲求をもっている人間が社会の壁とぶつかるから運動が巻き上がってきたんだと思うんですね。映画を観るために車椅子でバスに乗って、それで乗車拒否にあって、その壁をどうにかして取り除いていく。運動ってそこから生まれるものだと思うんです。でも、制度が整ったいまは、自然とそういう社会の壁にぶつからないというか……。若い障害者にとっては、ノンステップバスなんて物心ついたときから走っていますからね。もちろん、社会の壁を取り払ってきたのが運動の成果なので、皮肉といえば皮肉なんですけど。

これはすごく醒めた見方かもしれませんけど、一九七〇年代に障害者運動がワーッと盛り上がっていた時期にも、運動をしている障害者の人数は、そんなにたくさんいたわけではないと思うんですよ。障害者運動というと青い芝の会が有名で、実際に強い影響力もあったんですけど、運動に関わった障害者がみんな青い芝に賛同したかというとそうでもなくて、それに反発する人たちがつくった障害者団体もあったし、反発しつつも共鳴していく団体もあったりしたんですよね。みんながみんな青い芝に直結するようなかたちで運動に関わってきたわけでもないんです。さっきのお話、思想的な「深み」を保ったまま運動をつないでいけるのか？　というのは、いま運動しているぼくたちの役割だし、それは心を砕かなきゃいけないことだけれども、でも、そういった人の数がむちゃくちゃ増えるかっていうと、どういう時代においてもそれはあんまりない、という気もするんです。

日本の障害者運動の強みって、なにか高邁な理想をもっている人間だけが社会運動をするのではないということを、理念としてだけでなく実態として示したところにあると思うんです。聖人君子が運動するわけではないんですよ。だからこそ、底力があるんです。一九七〇年代の運動が盛り上がっていたときの強烈さとか華々しさだけが運動ではないんです。それだったら、障害者運動は八〇年代の半ばにはいったん終わっているはずなんです。

荒井　裾野が広いからこそ安定するのかもしれませんね。そこのメッセージは、とても心に響きます。三・一一後の反原発運動なんかも、みんな普通の大人だったり普通の親だったりして、デモから帰ったら明日の仕事の準備をしたり、子どものご飯を用意したりしている。日常をごくごく普通に生きている人たちだからこそ、その「普通」が脅かされることへの警戒心を抱くことができるのかもしれません。

■「障害者」のほうが生きやすい社会？

荒井　青い芝と出会った方は、そのときの感覚を「解放感」という言葉で表現されることが多いですよね。

尾上　そうですね。ぼくも青い芝と出会ったのは、「障害者として生きる意味」みたいなことにずっと悩んでいた時期でしたから、その個人的な悩みというのが、実は社会的な根拠をもっているものだっていうことに気付いたんですよね。社会的な立場としての障害者という問題と接続できたのは、ものすごい解放感でしたね。

荒井　当時「自己責任」なんて言葉はなかったですけど、実質的にはそれと同じようなかたちで、悩みも苦しみも痛みも悲しみも、障害者自身が背負わされていたわけですよね。

尾上　もっと言えば、「〇〇できるようになったら、いまの状態は改善されるからね」って、子どもの頃からずっと言われていますからね。「善意に基づく優生思想」って言ってもいいと思いますよ。ぼくは小学校五年生から施設に入ってましたけど、当時のぼくより小さい子どもたちなんていうのは、夜になると「おかあちゃーん」って泣くわけですよ、寂しくて。で、そのときに看護師が必ず言うのは、「がんばって訓練して歩けるようになったらお家に帰れるからね」。それは、その子どもたちを虐めようとか、悪意をもって言っているわけではなくて、本心から励ますために言ってるんですよ。そういう環境で、「自分が障害者として生まれてきているから、いまのつらさや不自由さや悔しさがあるんだな。だから障害を克服しなきゃいけないんだな」と思わされてしまう。それが「当たり前」として存在しているんです。

施設って、形態的に隔離をしたり、強制的に拘禁したりっていうのはもちろん問題ですよ。でもそれ以上にね、集団生活からくる習慣の力っていうのが大きいと思うんです。何時にみんなで起きて、何時にご飯を一緒に食べて、何時に寝てっていう、毎日の繰り返しのなかで、自分でなにも考えなくても生活が流れていくことでディスパワーされていくんです。「自己責任だ」って、意図的にというか、あからさまに押し付けられれば、「障害があるだけで、なぜここまでガマンせなあかんのか！」って逆に反発もできるんだけども、そうじゃなくて、それほど強い言葉をもたないかたちで、当たり前に流れていくことのほうが教育効果というか支配効果は強いと思いますよ。

荒井　「障害は克服すべき、という当たり前の感覚」というんでしょうか、「障害とは否定すべきもの、という当たり前の感覚」というんでしょうか、そういったものが最近、少しずつ変化してきているように思います。いま一口に「障害」って言うこと自体が難しくなってきましたよね。例えば「発達障害」なんて特にそうです。これまでの「障害」のイメージでは考えられない。昔は「障害」って生きにくさの象徴であって、克服すべき否定的なものでしたけど、いまではむしろ、自分になんらかの「障害」があると認定してもらったほうが生きやすくなれるという感覚をもっている若い人もいたりします。

例えば、いま「自分は『コミュ障』（コミュニケーション障害）だから」という言い方をする若い人がとても多いです。なにかうまくできないことがあって苦しいときに、「障害」という言葉でそれを指し示すことができると、ちょっとホッとするようなんですね。他にも専門医から「発達障害」と診断された人のなかには、なんだか安心した、ということをおっしゃる方もいるんですけど、「他の人と同じようにできないこと」がそのように可視化され、認定されると、本人も、それから相対する相手も、付き合い方の方向性みたいなものが確定して安心するようなんです。

これまで「障害」って、「生きにくさの象徴」みたいな部分があったと思うんですけど、社会全体がドンッと落っこちて、みんなが生きにくくなってしまったときに、不十分ながらも福祉のサポートがあったり、世間からの配慮が期待できる「障害」が、皮肉なことに相対的な位置が上がってしまった、ということなんだと思うんです。あるいは、「障害」ということであれば「なにかができないことへの自己責任」から解放されるような感覚があるのかもしれません。これまで「障害」という言葉は「否定すべきもの」とイコールだったと思うんですけど、そのなかに「生きやすさのカケラ」みたいなものが含まれはじめているように思うんです。

尾上　さっきの「戦後の繁栄から除外された障害者」という構図で考えるならば、かつてはそれなりに教育を受けた健全者なら、就職したり、家族をもったり、それなりのライフステージを見通せたと思うんですよね。でも、かつて障害者がおかれていた「除外」のような状態が、社会全体に蔓延してきたということでもあるんでしょうね。でも「障害者だから生きやすい社会」というのは、我々が求めてきたものじゃないですね。我々の求めているものからずれていますよね、それは。「障害者としてカテゴライズされたらなんとかしてやる」というのは、インクルーシブな社会ではないですからね。と同時に、なんだかんだ言っても「障害者というのは否定して当たり前だ」という価値観を、あからさまには言えなくさせてきたのかな、という両面なんでしょうね。

荒井　「障害」という言葉に、逆説的に「生きやすさ」のようなものが感じられてしまう社会になると、それに対する妬みも出てくると思います。「どうして障害者というだけで配慮がもらえるのか」ということになると思うんですね。いまは、どんなにがんばって働いても、それこそ身体を壊すまで働かされ続けていても、金銭的な面においても精神的な面においても、誰からもなんの「配慮」も得られていないと感じている人って多いですから。「こっちだって疲れてるのに、なんで車椅子に乗ってるってだけでエレベーター譲らなきゃいけないんだよ」というような感覚です。これは、その人を「差別者」として叩いてもあまり意味がないと思うんですね。むしろ、車椅子一つ分のスペースを譲る余裕さえない人の「生きにくさ」も巻き込んで、運動なり表現なりを発信することができたらよいのかもしれません。

私の師匠である花田春兆さんに、以前こんなことを言われたのをすごくよく覚えています。「運動を起こすにも、権利を云々するにも、とにかく『自分は生きていてもいいんだ』って思えないとはじまらないんだよ」。この根源的な次元で自分を肯定することの大切さって、当たり前すぎて見えにくいんですよね。でも、いま貧困や虐待の問題、高齢者の介護疲れの問題、派遣や非正規の問題、若い人たちがブラック企業で疲弊していく問題などを考えるときに、すごく考えさせられます。

たぶん横田さんって、理想的な社会の青写真を描くことはできなかったんだと思います。それよりも、一人ひとりがどう生きるかという点を強調したかったんでしょう。「差別のない社会」や「合理的な配慮が自然となされる社会」というのは、それはそれできちんと目指していくべきだとは思うのですが、それとはまた別の流れとして、一人ひとりが「自分が生きていてもいいと思えること」の大切さを伝える闘いもあっていいんだろうと思うんです。横田さんや横塚さんに象徴される青い芝の闘いって、なにもできなくても、どんなに迷惑をかけても、自分は生きていてもいいんだという実感をつかみ取るための闘いだったんだろうと思います。

「行動綱領」も、「理想的な社会」を目指したテーゼなのではなく、「自分だって生きていていい」という実感をつかみ取るためのテーゼだったんだと思います。それは、生きていくこと自体に擦り減ったり、疲弊したりしている現代の人たちとも、どこかで響き合うと思うんですね。

冒頭の話に戻るのですが、横田さんが「自分のやってきたことを、若い人たちにもわかりやすく伝えられたらいい」とおっしゃっていた意図は、もしかしたらそのあたりにあるのかもしれません。

尾上　障害者運動が目指してきた地平というのを、わかりやすく伝えていくこともすごく大切かもしれませんね。最初に言われた横田弘さんからの宿題ですね。

おのうえ・こうじ……一九六〇年大阪市生まれ。小学校での養護学校、施設入所経験が障害者運動に飛び込む原体験。DPI（障害者インターナショナル）日本会議事務局長、障害者政策委員会委員、障がい者制度改革推進会議総合福祉部会元副部会長を歴任。二〇一四年六月より、DPI日本会議副議長。

初出：『季刊福祉労働』第一四四号、「対談　荒井裕樹×尾上浩二　否定された存在から当たり前の『生の肯定』を求めて――青い芝の会『行動綱領』をめぐって」二〇一四年九月二五日刊

第三話

「いのち」を支える言葉たち

対談者・川口有美子

相模原の事件を起こした犯人は、「障害者は不幸をつくることしかできない」として「安楽死」の必要性を主張しています。まるで生命に有／無価値の線引きをするかのような思想・潮流はこれにとどまらず、昨今は尊厳死法案や出生前診断拡大も問題となっています。ここでは、障害者運動が残した言葉に焦点を当てることでこれらに抗う知恵を学び、他者の生と真摯に向き合うとはどういうことかを、ＡＬＳ／ＭＮＤサポートセンターさくら会の川口有美子さんと考えます。

荒井　みなさん、金曜の夜という多々ご予定あるなかお集まりいただきまして、ありがとうございます。今年一月、現代書館から『差別されてる自覚はあるか』という、ちょっと重いタイトルの本を出しました。一九七〇年代の障害者運動について考えた本です。昨年（二〇一六年）、相模原で起きた事件[*1]のこともあって、障害者運動に関わった人たちがこれまで訴えてきたことが、ぼくにはいま特別な重みをもって感じられるんですね。これを機に、障害者運動が訴えたことってなんだったんだろうということを考え直したいと思っています。それで、今日は『逝かない身体――ＡＬＳ的日常を生きる』（医学書院、二〇〇九年）という本で、ＡＬＳ（筋萎縮性側策硬化症）を発症したお母様の介護体験について書かれて、大宅壮一ノンフィクション賞を受賞された川口有美子さんにお越しいただき、お話しさせていただきたいと思っています。「障害者運動」って言うと、重いテーマであるような気がするんですけど、なるべく明るく面白く話そうと思っています。ちなみに、なんでこの二人の組み合わせになったかというと、二年ぐらい前でしょうかね、ある大学で行われたシンポジウム[*2]の帰りに、ぼくと川口さんと立岩真也先生（立命館大学）と一緒になって、長い長い電車のなかで話をしていたら、なんとぼくと川口さんが同じ大学の先輩・後

1　相模原で起きた事件：二〇一六年七月二六日未明、神奈川県相模原市に所在する知的障害者入居施設「津久井やまゆり園」に、元職員であった植松聖が侵入し、入居者一九人を刺殺、入居者・職員二六人に重軽傷を負わせた事件。媒体によって「相模原障害者施設殺傷事件」や「津久井やまゆり園事件」とも呼ばれている。

2　ある大学で行われたシンポジウム：二〇一五年九月二六日、神奈川県立保健福祉大学で行われた第六回 ヒューマンサービス研究会シンポジウム「横田弘

輩であるとわかって……。

川口　どっちが先輩？　一目瞭然だからばかなこと言っちゃった（笑）。

荒井　しかも指導教員まで一緒だったということが判明して（笑）。それから、ああ、こんなに身近な人だったんだなということで、今回トークイベントを開くにあたって、ちょっと先輩の胸を借りたいとお願いした次第です。

川口　こんなすばらしい後輩がいるとは知りませんでした。

荒井　そういうことで川口さんのお力を借りて、今回のトークテーマ「相模原障害者殺傷事件から、いのちのはじまり～おわりを考える」ということでお話をしようかと思います。

■不気味な言葉の復活

荒井　相模原事件が起きて、いろいろなことに、ずっとモヤモヤと悩んでいます。あの事件をどう語ったらいいのかというところに、すごくモヤモヤとしているというか。端的に言ってしまうと、あの事件に対して、あんまり怒っている人がいないような気がするんです。これ、政治家とかは、もっともっと怒るべきだと思います。国会でも非難決議とか出すべきです。もっと怒っていいはずなのに、なんとなくスルーされてしまう。そのあたりがすごくすごく気持ち悪い。もちろん怒っている人はいるんですけど、もっと大きな社会のうねりになっていい。なのに、そうはならない。障害者の尊厳が傷付けられたとき、そうした価値観とか事件に対して怒ったり闘ったりする言葉とか、そうした言葉を叫ぶ人とかが、それこそ七〇年代の障害者運動の頃から増えていないんじゃないか。そんな気がするんです。

その思想と生涯を巡って」のこと。鼎談者は、臼井正樹（神奈川県立保健福祉大学）、立岩真也（立命館大学）、荒井裕樹（二松学舎大学）。

もう一つ気持ち悪いのは、植松容疑者が衆議院議長に宛てた手紙[*3]のなかに出てきた「安楽死」という言葉です。「安楽死」って、回復の見込みのない末期の患者に対して、苦痛を与えることなく安らかに死へと導く、というくらいの意味ですよね、普通は。でも、植松が書いた手紙に出てくる「安楽死」という言葉は、どう読んでも「生きていても仕方がない障害者を殺すこと」という意味にしか受けとれない。

実は日本でも、かつて「安楽死」議論が起きるんですけど、そのとき、「安楽死」の主な対象に想定されていたのは重度障害者です。当時の週刊誌の議論などを見ても、幸せになれる見込みのない重度障害者を安楽のうちに死に至らしめることくらいの意味合いで使われていました。障害者本人も、こうした「安楽死」を求めざるを得ないというかたちで、逆説的に障害者のおかれた困難な状況を訴えるなんていうことがありました[*4]。

「安楽死」には、七〇年代に障害者団体が猛烈に反発しました。そうした反発のなかで、この言葉がナチスの障害者虐殺と結び付けられるようになったこともあると思いますが、このあと「尊厳死」という言葉に入れ替わっていきます。「重度障害者」と「安楽死」という言葉の組み合わせはイメージが悪いわけです、とっても。

植松容疑者が、こうした言論状況を知っていたとは思えない。思えないんだけれども、期せずして、四〇年前、五〇年前の「安楽死」という言葉の使われ方と、彼の「安楽死」という言葉の使い方がリンクしてしまった。それが、ぼくにはすごく不気味なんです。

それで、いまの日本の社会状況を見てみると、昔、もうこの言葉はこういう意味合いがあってよくないから使うのをやめましょうと決めたはずの言葉が、なぜかしれっと社会に復活してきているんですよね。例えば「教育勅語」[*5]なんかがそうです。もう、これを使う

3　植松容疑者が衆院議長に宛てた手紙：植松容疑者は犯行の約五ヶ月前、衆議院議長・大島理森に「犯行予告」とも受け取れる手紙を渡そうとして議長公邸を訪れている。この手紙に次のような記述がある。

「私の目標は重複障害者の方が家庭内での生活、及び社会的活動が極めて困難な場合、保護者の同意を得て安楽死できる世界です。／重複障害者に対する命のあり方は未だに答えが見つかっていない所だと考えました。障害者は不幸を作ることしかできません。」（朝日新聞取材班編『妄信——相模原障害者殺傷事件』朝日新聞出版、二〇一七年、三一頁）

4　逆説的に障害者のおかれた困難な状況を〜：このあたりの事情は、下記の文献に詳しい。拙著『障害と文学——「しののめ」から「青い芝の会」へ』（現代書館、二〇一一年）第三章〜第四章。

5　「教育勅語」：このトークイベント前

のはやめようとか、こうした価値観を信じるのはやめようとなったはずの言葉が、なぜか復活してしまっている。そうしたところが、とても気味が悪い。

なので、今日は相模原事件に限らず、いま、この社会で起きている不気味な事柄に対して抗う言葉、抗う知恵みたいなものを、障害者運動のなかから学んでいきたいと思います。日本の障害者運動って、名言をたくさん残しているんですよ。素敵な言葉がたくさんあるんですね。ぼくと川口さんで、自分が好きな言葉を五つずつピックアップしました（資料1、一二一頁を参照）。これは順不同で、どれが一位でどれが五位とかということではありません。

「障害者運動」の話というと、なんだか仰々しくて、大げさで、真面目で、堅苦しくて、というイメージがあるかもしれませんが、日本の障害者運動には面白い人とか、ユニークな人とか、たくさんいるんですよね。それで、そうした人たちの言葉を噛みしめると、じわっと希望が湧いてくるような気がします。というわけで、これからはじめさせていただきますが、よろしいでしょうか？

川口　はい、お願いします。

■生きることに遠慮を強いる社会なんて気持ち悪い

荒井　では、ぼくからいきます。一番目に、花田春兆さんという重度脳性マヒ者。一九二五年生まれの方で、まだ現役です（※花田春兆さんは、このイベント翌日、五月一三日に逝去されました）。私の師匠なんですけど、その春兆さんの句から。

後、学校法人森友学園が運営する塚本幼稚園（大阪府、籠池泰典理事長〈当時〉）で園児たちに「教育勅語」を暗唱させている様子が報道されたことを機に、政治家たちのなかから教育現場で「教育勅語」について採り上げることを肯定・擁護する発言がたびたびなされていた。なお、「教育勅語」は敗戦後の一九四八年六月、衆議院で排除、参議院で失効確認の決議がなされている。

初鴉「生きるに遠慮がいるものか」

花田春兆『喜憂刻々』（文学の森、二〇〇七年）より

「生きるに遠慮がいるものか」っていうフレーズが痛快ですよね。でも、これ、気を付けなきゃいけないのは、「生きるに遠慮がいるものか」って、生きることに対して遠慮を強いられた経験がないと出てこないフレーズだと思うんですよ。花田さんって大正生まれですから、戦前から戦後の動乱期を生き抜いています。「徴兵検査」も受けてます。「丙種」だったか「丁種」だったか。[*6] 丙種・丁種って意味わかりますか？　一番上が甲種。次が乙種で、丙種がきて、丁種はその下です。丙種や丁種は身体に欠陥があるということで、ほとんど「人間失格」みたいなものだったらしいですね。だから障害者は、「非国民」とか「米食い虫」とか、さんざんな言われ方をして、とにかく肩身が狭かった。

この「初鴉」って「元旦」の季語なんです。カラスって一年中どこにでもいるから季語になれないんですけど、一年の最初の一鳴きだけは季語にしてもらえる。それが「初鴉」。元旦にこの句を詠むって、けっこう重い感じですよね。併せて「父とならむ喜憂刻々除夜の星」（同句集より）という句も紹介します。元日って、春兆さんにとっては特別な日なんです。春兆さんは重度障害があるんですけど、四〇代の頃に娘さんが生まれています。息子さんもいらっしゃる。それで、その娘さんが元日生まれなんです。「父とならむ喜憂刻々除夜の星」って、娘が生まれるのを待っている大晦日の晩に、喜びと不安が交錯している父としての心情ですよね。障害のある父としてやっていけるだろうか。障害のある父をもつことで、娘は苦労しないだろうか。そんなことが、すごく不安だったのかもしれません。だから、この二つの句を重ね合わせると、「生きるに遠慮がいるものか」って、もしか

6　「丙種」だったか「丁種」だったか：春兆さんの記録を見直してみると、どちらだったか判別がつきにくいところがある。春兆さんは、一九八一年に刊行された『もうひとつの太平洋戦争』（障害者の太平洋戦争を記録する会編、立風書房）に寄せた文章「消しておきたい一句」のなかでは、徴兵検査に同行してくれた人の発言として「やれやれ、無事に終わりましたよ。でも、なんともバツが悪かったな。検査官の前に立たされて、花田政国丁種（？）合格、なんて大声で言わされんだからな。この大の大人がだよ」と記している。一方、NHKの「戦争証言アーカイブス　戦後日本の歩み」（二〇一五年一〇月収録）のなかでは「そうしたら、担当の将校が、車のそばに来て、ドアも開けないで帰った。一緒に来た人がついて行って、丙種不合格っていうのを受けて帰ってきた。それで終わり」

したら娘さんに投げかけられた言葉かもしれない。そんな風にも読める。重度障害のある父親をもっていてもお前は遠慮することはないんだよ、ということかもしれない。もちろん、戦前から戦後にかけて生きることそのものに遠慮を強いられてきた経験があって、それでも生き抜いてやるという自負心としても読める。いろいろな意味で読める句です。ぼくがとても好きな句ですね。最近はいろんなことに遠慮を強いてくるじゃないですか。「尊厳死」の議論もそうだけれど、とにかく生きることに遠慮を強いてくる社会は、ものすごく気持ち悪い。

川口　うちの母はALSって病気だったんですけど。みなさんご存知ですかね。あのアイスバケツチャレンジ[*7]で有名になった病気ですけども。徐々に運動神経だけ侵されていって全身がマヒしてしまって、そのうち肺の機能も低下して、人工呼吸器を付ければ長く生きられるけれども、付けなかったら呼吸ができなくなって亡くなる。その呼吸器を付けるかどうかということが自己決定と言われています。

治療を選択しなければいけないというまさにその瞬間、「生きるに遠慮がいるものか」と思える人は呼吸器を付けるんだけれども、七割の方が呼吸器を付けないで亡くなっている現実があります。遠慮というか、呼吸器を付けて生きていくよりは死ぬほうが楽だというふうに思える現実なのかもしれないし、いろいろなんですけれども。

私の周りではこの「生きるに遠慮がいるものか」というのがよく聞く言葉だったので、まさか春兆さんがそういうふうに詠まれたところからきているとは思わなかったです。

荒井　これが出典になっているのかどうかわかりませんけど、いろんな人たちが抱えている、そういう集合的な無意識を汲み取るのがうまい人だったので。多くの人の心に響いたんでしょうね。素敵な言葉だなと思います。

と証言している（同HP「再生テキスト」より）。

7　アイスバケツチャレンジ：二〇一四年夏にALSの治療研究費を集める目的でアメリカではじまった。氷水を入れたバケツを頭からかぶる様子を動画で撮影し、近くのALS支援団体に一〇〇ドル（日本では一万円）寄付する。フェイスブックなどのSNSで瞬く間に全世界に広がった。トルコの男性患者から指名を受けた川口は、自宅マンションの中庭でアイスバケツチャレンジを決行し、その動画を自撮りしてフェイスブックにアップし、国内の支援者三名を指名した。短期間で合計三八〇〇万円ほどが日本ALS協会の銀行口座に振り込まれたが、有名人の売名行為に使われているという批判もあり、秋口には終息した。

川口　究極の言葉でもありますね。遠慮しながら生きている人がいるという、要するに誰かの承認がないと生きられないというふうに思わされたり、思ってしまったりということでしょ。だけど、そもそも人間なんていうのは誰かに承認されなければ生きていられないということではないわけなんだけど、そこになかなか気が付かないですよね。

私なんかは「健常者」と言われる状況ですが、いま、自分の周りに重度の病人、重症の患者さんたちがいるので、そういう考え方をしないけども、例えば、うちの母が発症する前、まったくそういう病人とか障害をもった人たちと接することがなく健常者中心の社会で生きていたときには、やっぱり、誰かに許してもらわないと生きていてはいけないんじゃないか、というふうに思っていたんですよね。

うちの母も発症したときに、やっぱりそう言いましたもんね。「誰かに迷惑をかけるんだったら、私はいないほうがいい」とか、こっちに許しを求めてくるんですよね。「ママは生きてて、いいの?」って、聞いてくるという。

荒井　遠慮ということの重さが違いますね。命に関わってくる。

川口　そう、死んじゃうわけですからね。遠慮どころじゃないわけで。「遠慮いらないよ」と言ったんですね、そのとき、私は。

荒井　(会場に向かって) みなさん、今日はこんな感じで進めていきます。

川口　でも、くだらない話もするかも (笑)。

荒井　今日、なにかものごとを解決するつもりはないので。あちこち、迷走したり、寄り道したり、いろんなところに話が飛んでいくと思います。グチとかも出てくるかも。そういう解決のつかない話を、みなさんにモヤモヤしながらもって帰ってもらうのが今日のテーマですので。では、次は川口さん、お願いします。

川口　上から順番にいきますね。これは橋本みさおさんの言葉。

「ヘルパーは派遣するが、吸引は家族がするように」。だったら家族はいつ眠るのよー！

橋本みさお

みさおさんは私の同僚であり、さくら会というALSの患者家族と在宅ケアにたずさわる人たちが設立したピアサポート団体（NPO法人）の理事長をやってくれていて、ALSの業界では大変有名な患者さんです。彼女はまだ自分で書いた本とかはないんですね。なんとかしなきゃいけないと思っているのですけど。

二〇〇四年の『現代思想』一一月号に、「脳性と呼ばれてなお」というタイトルで、文章を書いています。それから、『末期を超えて』（青土社、二〇一五年）第二章に、みさおさんと川口の対談「在宅人工呼吸療法の繁忙期を生きる女たちの証言」を収録してます。

実は、この方も文学少女だったんです。で、勝浦の漁師の娘さんで、漁師の娘なのに魚が嫌い、食べられない。でも、ALSになって経管栄養になった途端に好き嫌いを克服したっていう人です。

いろいろ逸話があって、「私は生まれつき要介護度5だった」って言うのね。それはお兄ちゃんが四人もいて、その一番下に生まれた女の子なので、もうずっと要介護だった。要するにお兄ちゃんが全部やってくれちゃっているという、お嬢だったんですね。だから、「私は人にものを頼んだり、人になにかやってもらったりするのは全然抵抗がない」なんて言う。ふふふ（笑）。そういうことをばんばん発信してくれた人なんです。

一方、うちの母は超遠慮人間だったから、もう、すぐ「生きていていいの？」みたいなことを言う。それで、橋本さんがなにかケア系の雑誌のグラビアに載ったのを読んで、私は母とはずいぶん違うなあと、びっくりしちゃって。橋本は「家族に介護は一切させないんです」「二四時間、学生とヘルパーで介護を回してます」と言って、毎日楽しい、というふうに書いてあったので、うちの母とえらい違いだなあ（笑）って思ってね。それでうちの母にその記事を見せたんです。「こういう生き方がある、こうしないとダメ」と言ったら、うちの母が「ダメ、ヘルパーじゃなくて全部看護師がやらなきゃダメ」と言ったんです。

荒井　まじめですね。

川口　患者を世話するのは看護師だからって。「だから看護師を雇って、とパパに言って。パパの年金の半分は私のものだから」って言うんです（笑）。そこはしっかりしてるのね。要するに自分でお金を出して看護師を雇うと言うんですね。橋本はそうじゃなかった。在宅当初から学生ボランティアに吸引、経管栄養をさせていました。吸引と言ったって、気管切開していて、ここ（咽頭）に穴があいているんですよ。ここから痰の吸引をさせていた。それも法律ができる前、九〇年代からやっていたんですね。だから違法行為と言われる前からやってもらってた。そういう人です。

　橋本は二〇〇二年に全国の患者さんに呼びかけて、ヘルパーの吸引を求める署名運動を三〇万筆ほど集めて、当時の厚生労働大臣の坂口力さんのところにもっていきました。そしたら、坂口さんはお医者さんだったからすぐ必要性をわかってくれて、「わかりました、桜の花が咲く頃までにはなんとかしましょう」という名言があるんですね。私たちは、半年ぐらいでなんとかしてもらえるだろうと思って、ヘルパーが吸引をやってもいいという法律をつくってくれるに違いないと思ったんですけど、なんと法律改正になるまでに九年かかった。

　そのあいだ、私は橋本と、ヘルパーの吸引を推進するためにNPO法人ALS／MNDサポートセンターさくら会*8を立ち上げて、自分たちでヘルパーに痰の吸引と経管栄養をどんどん教えちゃったんです。「進化する介護」という名前を付けて。障害者総合福祉法の重度訪問介護（その前の支援費制度での日常生活支援）というサービスに携わるヘルパーの養成研修課程、二〇時間なんですけど、そのなかで教えちゃった。

　そうしたら私、看護協会から呼ばれるわ、都庁から呼ばれるわ、お叱りを受けて（笑）。「なにかあったときどうするんですか」と言われたから、「もちろん、私が責任をとります」と。身体を張って喀痰吸引運動をしてきたんです。でも結局、誰ひとり訴える当事者もいなければ、ヘルパーさんもおじけずに「生きるために必要なケア」ということでやってくれて、法律改正に結び付いたんです。

荒井　ぼくの立場からすると、なにが惜しいかって、橋本さんって本を出していませんよね。

川口　すいませんね。ふふふ（笑）。そうなの。

荒井　「橋本みさお論」も出てないですね。

川口　そう。すいません！

荒井　なんでこんなことを言うかというと、日本の障害者運動って、本当に命のぎりぎりのところで、みんなあがいてもがいて闘ってきているんです。

川口　そうだね。

荒井　それで積み上げてきた思想の厚みとか、哲学の厚みがすごいんですよ。でも、そのあたりのことを書き残したり、広く伝えていく余裕がない。本人は忙しいし、周りの人たちも支援をやったり、一緒に陳情に行ったり、街頭に出たり、集会やったり、ほぼ生きる

8　NPO法人ALS／MNDサポートセンターさくら会：在宅介護支援さくら会とALS／MNDサポートセンターさくら会があり、どちらも理事長は橋本みさお。ヘルパーの吸引の制度化をしたのは後者で、川口が副理事長を務めている。

ので精いっぱいで、その積み上げてきた知恵とか哲学みたいなものを伝えていく「ストーリーテラー（語り部）」を運動のなかから出す余裕がなかった。

川口　一緒にやっているから私も時間がなくて。私が母のことを書けたのは、まだそういうことをやる前だったから、時間があったんです。だから、ケアの合間に自分を見つめる時間でもあったんです。執筆という行為が、書きながら泣いて、それがカタルシスになっていたんですけど。母が、いわゆるトータリー・ロックトイン・ステイト（Totally Locked-in State）で、コミュニケーションができなくなってから、橋本との付き合いがはじまって。うちの母はめっちゃ暗かったですけど、橋本はぶっとんでいるんですよね。それまでの障害者運動の哲学をすべてぶち壊すような……やっぱり、それは書かないとね。

荒井　もったいないです。

川口　もったいない。すごい、明るいというか常識外れと言うかね、「悪」というかね（笑）。

■「九九」のために闘う運動家、「一」に寄り添う文学者

荒井　今日は、横田弘さんについて書いた本の出版記念の会なので、横田さんの話もさせてもらいます。横田さんはご自身で文章をお書きになる人だったので、それはやっぱり大きかったですね。運動のなかで、運動家自身が本を書けたというのは、その後のことを考えるととても大きい。

ぼくの②番に移りましょう。

母さんが往きました

ひっそりと手を振りながら
母さんは　往きました
足音は　もう消えました

鴉がないています
二羽の鴉がないています
ジーッと私を見ています

地球は淋しくなりました

横田弘『まぼろしを』（「REAVA」叢書三、二〇一〇年）より

これは横田弘さんの最後の詩集『まぼろしを』に収録されている「鴉」という詩で、ぼくが一番好きなフレーズです。母さんがいなくなって、「地球は淋しくなりました」。いいですよね。

日本の障害者運動に詳しい人はすぐ気付くと思うんですけど、横田弘さんって青い芝の会のリーダーですよね。青い芝の会って「母よ！殺すな」[*9]じゃなかったんだっけと。つまり、障害児を介助する母親がいて、母親が介助疲れで大変苦しんで、疲弊して疲弊して、将来を悲観してしまって、わが子に手をかけてしまう。[*10]そういう事件が続発して、でも社会は「殺された子ども」より「殺した母」に同情する。「子どもも愛しいお母さんに殺されて良かったね」なんて言われちゃう。それに対して怒ったのが青い芝の会の神奈川県連合会という横田さんたちがいた団体で、「親からの抑圧」を批判して社会に衝撃を与えたわけです。

9　「母よ！殺すな」：横塚晃一（第一話＊12）の同名の著書（すずさわ書店、一九七五年）による。横塚は青い芝の会のリーダーとして、運動の全国組織化に尽力し、当時の障害者運動界に多大な影響力を有した。なお、同書は一九七〇〜八〇年代、障害者運動の理論書のような役割を果たした。

みんなびっくりしたわけです。障害者にとっての最大の味方は親だと、みんな信じていたわけですから、それを敵だと批判した。

でも、横田さんの詩を読んでると、ときどきお母さんが出てくるんですよ。お母さんのこと好きなんですよね。「地球は淋しくなりました」って、いいですよね。たったひとりの人間がいなくなって、地球が淋しくなっちゃうという感性。こういうの見ると、横田さんって「文学者」だなぁと思います。政治とか社会運動をやる人って、九九対一だったら、九九のほうをとらなきゃいけない。九九対一の幸福だったら、一の幸福より九九の幸福をやっぱりとらなければいけない。逆に、一のほうに寄り添うのが文学者。

二〇一三年に横田さんが亡くなって、お通夜にぼくも参列しました。横田さんの宗派は日蓮宗系の本門仏立宗なので、日蓮宗のお式が終わった後に、またお経が読まれたんですね。横田さんが若い頃に参加していたマハラバ村の大仏空《おさらぎあきら》和尚*11という、横田さんにとっての師匠がいるんですけど、その和尚の息子さんが来て、わざわざお経を上げたんです。やっぱり、人間的な魅力があって、いろいろな方から愛されてたんだと思います。

川口　横田さんって、でも、介助者で、すごい怖がっている人、何人か知っていますよ。

荒井　はい。怖いのは怖いですね。

川口　すごく怖かったと。青い芝と聞いただけでもう震え上がる。ははは（笑）。

荒井　厳しいですね。厳しいは厳しい。だから、ぼくも横田さんの話を聞くとき……。

川口　大丈夫？　怒られたりしなかった？

荒井　怒られてました。でも、横田さんはどちらかというと「諭す」という感じかな。障害者運動家にもいろんなタイプの人がいるので、「お前なにもんじゃ！　健全者のエゴでここに来たのか！」って、最初の一言がそこから入る人もいるんですけど、横田さんは

10　わが子に手をかけてしまう：一九七〇年五月二九日、神奈川県横浜市金沢区で、重度脳性マヒのある二歳半の女児が実母に絞殺される事件が起きた。この母親には三人の子どもがおり、そのうち二人に障害があった。夫は会社員で単身赴任をしており、土曜日に帰宅して月曜にまた家を空けるような生活をしていた。母親は子どもを障害児施設に預けることを希望したが、満員を理由に入居を断られていた。日々の介護に追われるなか、深夜に突然泣き出した女児を見て、母親は自分とわが子の将来を悲観し、エプロンの紐で絞殺してしまった。事件後、この母親が住む町内会の人びとが、可哀想な母親をむち打つべきではないとして減刑を求める署名活動をはじめた。これに対し青い芝の会神奈川県連合会は、障害児を殺害した母親が無罪や不起訴となった場合、障害児は生存権を否定されることになると訴え、厳正な裁判を求めた。横田弘たちが社会に「問題提起」をした最初の事例である（詳しくは『差別されてる自覚はあるか』第四章を参照）。

11　大仏空和尚：一九三〇～一九八四年。僧侶・社会運動家。本名は大仏尊教。茨城県石岡市の願成寺（天台宗）に生まれる。社会党書記、カトリック修道士、養

……。

川口　怒るんじゃなくて諭す？

荒井　そう。「君、それはどういうこと？」「もうちょっと考えなさい」という感じ。「わかってねえな」と、ときどきぼやかれましたけど、そう言われるのも、それはそれでわりと好きでした。グサッとは来ますよ。苦痛じゃないわけじゃないですよ。

川口　グサッとは、来る。

荒井　グサッと来過ぎるぐらい、グサッと来ます。

川口　私はなにか、この本を読ませていただいたら横田さんのイメージが変わったというか。もっともっとすごい怖い、孤高の人？　そういうイメージが、横田さんにはあったけれども。

荒井　実は、ちょっとこれ裏があって。さっきの花田春兆さんって、ぼくの師匠だったんですけど、春兆さんから横田さんに話を通してもらったんです。

川口　あー、上からかな。（会場爆笑）そうしないと近付けないいんですよね。

荒井　そうしたら、話が早かった。

川口　いやー、それはそうでしょ。

荒井　春兆さんは横田さんの大先輩です。これは横田さんが亡くなったあと、横田さんの息子さんから直接うかがったお話なんですけど、横田さん、息子さんがまだ小さかった頃に膝に抱えて、春兆さんの本を見せて「この人はぼくのライバルだ」「この人を乗り越えるのが夢だ」なんて言っていたくらい、慕っていたようなんですね。

横田さんにお話を聞くようになってから、あるとき春兆さんに会いに行ったら、なんかご機嫌が良くないときがあって、どうしたんですかって聞いたら、横田さんから春兆さん

護施設職員などを経て、障害者運動に関わるようになり、一九六三年頃から父親の寺で脳性マヒ者たちのコロニー（後のマハラバ村）を営むようになる。横田弘や横塚晃一らに多大な影響を及ぼした。

に手紙が来たと。そこになんて書いてあったかというと「花田春兆先生」と書いてあったと。「先生なんて、かしこまって呼ぶような間柄じゃねえだろう」なんて怒っているんですよね。横田さんは横田さんで、本当に律儀な人です。はじめて横田さんに会いに行ったときも、最初の話題が「最近、自分で手紙が書けなくなって、春兆先生にご挨拶ができてなくて本当に申し訳ない」ということでした。そういう面では、すごく律儀な人ですね。

川口　私、一回だけ横田さんを目撃したというか、お会いしたことがあって。田町かどこかの駅の出店でケーキを買っていたんですね。しかもこーんなたくさん買っていて。そのとき、「あ、横田さんショートケーキとか買うんだ。しかもすごいたくさん買うんだ」と思って（笑）。そのときにちょっと崩れたね、イメージが。普通のおじいちゃんじゃんって。

荒井　亡くなったあとに、俗っぽい話はいろいろと聞きましたね。

川口　でしょ。この本のなかにいろいろ入っていました。

荒井　みなさん、ぜひ読んでください。フィールドワークでいろんな人の話を聞いていると、「もうちょっとほとぼりが冷めないと無理だな」みたいなことはたくさんあって（笑）。川口さんもほとぼり冷めないと書けないことありますか？

川口　いや、もうほとぼりどころじゃなくて、燃え上がっていて。きのうは炎上したので、私寝ていないんです。やっぱり運動のまっただなかにいて、橋本のことを書くとどうしても私が出てきちゃう。一緒にやっているから。自分のことを書くって、ちょっとね。でも、まあいいのかなと思って。結局母のことを書いても自分のことを書いているわけですから。

■「私は私のために生きる」というエゴは大事

荒井　では、川口さんの②番に行きましょう。

川口　②番は、男性の患者さんの言葉です。長岡紘司さんといって、日本で二番目に人工呼吸器を付けて在宅療養をした人で、日本で二番目に長く生きたＡＬＳの人です。在宅人工呼吸療法と言います。そして、三三年間呼吸器を付けて生きて、クリスマスの日に亡くなって、私もお葬式に行きました。

この方の遺された言葉を解題して『現代思想』二〇一二年の六月号に書かせていただいて、それが『末期を超えて』という本の第一章に入っています。これは上野千鶴子先生にすごいほめてもらっていて、この勢いで書きなさいと言われたんです。長岡さんは大変文章がうまくて、これは透明文字盤というものを使って、視線と視線をからませるような感じで、ヘルパーが拾って一文字一文字書き写したものです。

不幸にして罹患した者よ。敢えて言う。
生きなさい　そして　周りの者達を正しなさい。愛はなくとも人の心があれば良いのです。そして自分は自分の心を持ちなさい。そして如何に辛くとも治ることを信じて生きなさい。

生きよ。生きよ。

長岡紘司『末期を超えて』（青土社、二〇一〇年）より

「生きよ。生きよ。」というのが最後なんですね。で、この他にもいろいろ紹介したい言葉があるんですけども、この方は一貫して自分流の介護を生み出していました。

病院のなかで受けていた看護にもう逐一反対して、間違っていると言って、それで家に

帰ってから全部自分流にしちゃったんです。例えば、鼻からの経管栄養だったんですけども、通常、入れるの痛くないように細い管を使うんですけど、なんと導尿の尿バッグに使う太いサイズの管を鼻から入れて、こんなんですよ。使っちゃいけないような太さの管を入れて。そこからだったらなんでもミキサーにかけたままのが入るんです。ざるで濾したりしないでいいの。それで奥様と一緒になにに食べるか相談して三食、家族と同じものを同じ分量食べていた。そういう経管栄養の仕方をしていました。だから長生きしたのかなと思ったりしています。

それからカニューレの形状からいろんなことまで、自分で看護のやり方を打ち消してやってきました。文字盤でヘルパーに読み取らせて送ってきたものの一部がここに入っていますが、全て解題すると本一冊になるかもしれない。本当に貴重な言葉です。

荒井　いわゆる「おやじモデル」ですね。

川口　そう、おやじモデル。家族に自分の介護を当たり前のようにさせていた人。この人も遠慮しない人です（笑）。ALSの患者さんって、ほぼ中高年発症だから、家族がいて、しかもある程度の蓄財があって、退職後に発症する方が多いんです。この方は三〇代で発症したので、そうでもなかったんですけど、発症しても一家のあるじ。家族に、奥さんに介護させるのが当たり前。子どもたちにも介護させるの当たり前ということで、ある意味ふんぞりかえっていて。それからアダルトビデオが趣味だった。それをうちから派遣したヘルパーに編集させたりしていた。まあとにかく、わが道を行く。

荒井　でも、人が生きるってそういうことで、どうしようもないところっていうのがある。

川口　病人のエゴイズム、障害者のエゴイズムってよく言われるじゃないですか。私ね、エゴってすごい大事だと思っているのね。橋本さんからもエゴが大事だと教わったたし、それから、この長岡さんからも教わったんですけど、エゴ大事だよ。私は私のために生きる、ということっていうのは。立岩真也先生の『自由の平等』（岩波書店、二〇〇四年）や小泉義之先生の『レヴィナス——何のために生きるのか』（日本放送出版協会、二〇〇三年）のなかにもいろいろ出てきますけども、でも、障害者運動をやっている人たちにエゴの話をすると、すごい怒られて、俺たちはエゴなのかと言うから、そういうとられ方をしても困るんですけど。

荒井　オフィシャルには出しにくい。

川口　うん、そうそう。

荒井　研究というものをしていても、オフィシャルには出しにくいことっていうのが、ときどきあって。ぼくはハンセン病療養所の研究をしていたんですけど、ハンセン病療養所の昔の患者さんって日本銀行券を取り上げられていたんです。逃げないように。その代わりに「園内通用券」（園券）っていう、おもちゃみたいなお金を渡されて、療養所のなかではそれで生活するんです。これって人権侵害ですよね。ハンセン病の本なんかでも人権侵害の例で採り上げられてる。でも、昔の患者さんで、この園券をこっそりもち出して横浜だかの工場にもって行って「遊園地で使うものだ」って言って、園券の偽金をつくった人がいたらしいんですね。園券はブリキ版を打ち出したようなものだったから、偽造も簡単だったみたいで。その偽造園券を寮舎の屋根裏に隠していて、結局職員にみつかって独房に入れられたとかいう話が伝わっています。だから「隔離されたハンセン病患者」と言っても、したたかに生きていた人もいるんですよね。もちろん、だからといって人権侵害を検討しなくていいというわけじゃないですけど。

川口　したたかなのは大事だよね。

荒井　したたかに生きた人がいた、ということも忘れちゃいけない。
川口　でも、横田さんはあんまりそういう面は出していないでしょ。
荒井　いや……、けっこう言えないようなことも……。
川口　実はしたたかだったけど、でも、かっこつけてますよね（笑）。

■尊厳ある死ではなく、生の真摯な肯定を

荒井　じゃあ、ぼくの③番にいきましょう。これは水俣病の患者運動から。

> 舟下ろしで人々の愛情に触れてわかったのは、「あっち」への誘いより「こっち」への誘い、つまり死ぬことより、生きることへの誘いの方が、強かったということです。
>
> 緒方正人『常世の舟を漕ぎて——水俣病私史』（世織書房、一九九六年）より

これはどういう状況なのかをご説明しますと、緒方正人さんは水俣病患者認定の闘争をしていたんですね。水俣病って変な話ですよね。その人が患者であるかないかを国とか県が認定するんです。でも、水俣病の原因になった水銀を流していたのはチッソという企業で、それを隠蔽したり擁護したのが国と県なんですね。ある人が「被害者」であるかどうかを加害者側が判断して認定するという、とても変な構図。それで、緒方さんという人も裁判闘争をしていたんですけど、どれだけ責任というものを問い詰めても「申し訳ありませんでした」と謝る人間が出てこない。課長とか部長とか局長とか、そういう人が役職と

して出てきて、また入れ替わっていく。個人としての人間に出会えない闘争に絶望してしまって、患者認定申請を取り下げて、患者運動から離脱するんです。

この人はそのあとなにをしたかというと、木造の船を造って、たったひとりで加害企業チッソの門前に座り込むんです。それでチッソの従業員に対して「ちょっと一杯焼酎飲んでいけや」とか、「ちょっと話し合おう」と、チッソの門前に座り込むんですね。

そのときに緒方さんの周囲の人たちはみんな、緒方さんはちょっと気がおかしくなったと。こんな船を造って、緒方さんが逝っちゃう、つまり死んじゃうんじゃないかと。自分で死んじゃうんじゃないかと心配するんです。でも、緒方さんは帰ってくるんですね。そのときにどうして帰ってきたか。「あっち」の世界というのは死の世界ですね、それよりも「こっち」への誘い、つまり生きることへの誘いのほうが強かったんだと。

この、『こっち』への誘い」という言い方って、すごくいいなあと思って。どういうことかというと、「尊厳死」の議論なんかもそうだけど、なんか「あっち」の世界への誘いが強くて不気味ですよね。「こっち」に誘ってくれる人ってなかなかいない。そのためには、寄り添う人、支援する人、ケアする人、といった人たちが「幸せ」じゃないといけないというか、世の中全体として「こっち」の世界にもっと真摯に向き合うとか、生きるってことと自体を肯定するとか、そういったのが重要なんだろうなと思って。

川口　まあ、私もケアのプロバイダーをしているんですね。いわゆる訪問介護の事業所をやっていて、それで生計を立てているんですけど。いま、うち、ヘルパーさんが五〇人もいるの。

荒井　それは多い?

川口　多い。しかも、常勤が半分なんで、もう常勤の社会保険に殺されそう（笑）。ちょっと経営の話になっちゃうけど、社会保険料の支払いが経営圧迫して大変なんです（笑）。いかにヘルパーさんを幸せにするか。それは単純に給与を高くすればいいんです。だけど、実際はそればかりじゃなくて、当事者、つまり利用者とヘルパーの関係性が一番大事なのね。そこの関係性のなかでやりがいを感じると言う。ヘルパーさんたちは、別に給料で幸せになるわけじゃない。薄給でもやりがいを感じたり、自分がものすごい必要にされているということを感じられれば、幸せなんですね。そういう職種なんです、介護職って。私もひっくるめてなんですけども。

でも、介護サービスを受ける本人が「利用者さん」と言われてしまっているいまの状況のなかで、本人との関係性では対等であるはずのヘルパーが、幸せを感じられるといいんですけども、なかなかね、それが難しい。なんででしょうかね。

荒井　なんででしょうね。あと、緒方さんの言葉でぼくが好きなのは、この人は「責任」というのを「地層」に喩えて表現しているんです。*12「地層」って、あの地面の地層です。

ぼくなりに解釈して説明すると、「水俣病の責任はどこにあるか」というと、一番表層的な部分にチッソがある。ずーっと下のほうに層を掘っていくと人間としての責任がある。人間が自然に対して敬うことなく、海に毒を流して平然とするようになった。人間と自然との深い深い哲学的な問題。緒方さんはそこに悩むんですね。でも、そういった深い部分に悩むと、「なんだ、チッソのことを許すのか」という話になっちゃう。でも、そこは許さない。つまり責任には、表層的な部分の層と、どんどん掘り下げていったときの人間の本質的な層とがあって、それは比べられない。でも、きっちりと見つめなければならない。

これ、相模原事件も似てると思うんです。植松をなんとかすればなんとかなる話じゃないとぼくは思う。現代の社会自体がもっている問題みたいな、深い深いものがある。かと

12 「責任」を「地層」に喩えて表現している：緒方正人『チッソは私であった』（葦書房、二〇〇一年）に次のようにある。「人間の責任、あるいは人間の罪なんだと言うと、たとえばチッソの責任ということと対比されるんですね。チッソの責任がなくなってしまう、みたいに。ところが、対比できないんですよ。地層のような縦軸の関係になるものだから、対比できない。チッソの責任は確かにあるんです。時空の違いみたいなもので、ここでは確かにそれは存在している。だけども私が言いたいところのあれはちょっ

いって植松を許しちゃいけない。その層をきちんと意識して、でも、どれもきちんと見る。

川口　まず精神障害者を監視すればなんとかなるという話じゃないね。犯罪を犯してしまいそうな人を、前もって監視するという法律ができそうになっていて、大変なことになっている。けど、そういう問題じゃない。

荒井　そういう問題じゃない。なので、緒方正人さんの本はおすすめです。緒方さんとか水俣病の人たちの回顧録というのもけっこう絶版になっちゃっているのが多いです。すごくもったいないと思います。

川口　隔離されるってどういう気持ちだろうね。隔離されたことがないから私にはわかんないんだろうなと思うけど。ということで、次は私の番ですが、③はあとにして④にします。これは介護の話です。

介護者と関係をつくっていくのが全身性障害者の介護なのです。　新田勲

　これは私たちの愛すべき（笑）新田勲[*13]さんの言葉ですけど。新田さんはずっと介護保障の運動をされてきた方で、同じ脳性マヒではありますが、青い芝の会から分派して別の運動を展開した人。

　実は私、晩年すごい仲良しだったんです。新田さんの家に遊びに行けば、肉じゃがが待っていて、その肉じゃがのレシピというのは赤ワインが入っているんですね。みなさん、肉じゃがに赤ワイン入れるとコクが出るんですよ。それをつくってくれているのが、男性のヘルパーさんたちなんですね。私がおいしいと言ったら、行くと必ず用意しておいてくれ

とずれたところにあるから、対比されても説明のしようがない。」（一八六頁）

13　新田勲：一九四〇年〜二〇一三年。東京生まれ。脳性マヒ者、運動家。二歳のとき百日咳がもとで脳性マヒとなる。一九六八年、府中療育センター（＊14）に妹の絹子とともに入所。当初からセンターの管理主義的な体制に異議を唱えていたが、入所者に理解のある職員が一方的に配置転換されたことをきっかけに、ハンガーストライキを断行。一九七二年、

て、おいしいお刺身がてんこ盛りになっていて、ちゃんと飲み物もなにも全部用意していて、私を招いてくれるときに私だけ招いてくれるんです。で、じっくり話せるようにして。かなり気に入られていたかな、新田さんに。その証拠に、障害者のあいだではＡＬＳのケアができるっていうのは、医療ができる人というふうに見られているから、私は医療的ケアをやるということで、新田さんに呼ばれて行ったら、「最近おしっこが出ないから、川口さん導尿してくれる？」と言われて（大笑）、新手の誘惑かな？　四番目の女房にされかねないと思ったぐらい、本当にかわいい方だったんです。

　新田さんは、介護者との関係性をすごく大事にされる方だったんです。だからＣＩＬ（自立生活センター）の、感情抜きの派遣ヘルパーと利用者という関係に対して批判的だった。

　私たちはどっちかというと両方やっていますね。もちろんＣＩＬ的というか、事業としてヘルパーの派遣業をやっていますから、利用者と提供者という関係を基本にしながらも、さっき言いましたように、ヘルパーと障害をもっている人との人間的な付き合いというのも、すごい大事だと思っています。両方の運動と同じように付き合ってきて、どっちに近いというのがないので。

　また、新田さんは尊厳死法制化運動にすっごく反対してくれた。そういう意味で新田さんには助けてもらいました。新田さんがいなくなったというのが、非常に痛手なんです。新田さんが言っていたのは、先ほど荒井さんも話されましたけど、尊厳死は安楽死につながるという話で、こういう障害をもった人間が世の中の役に立つためには、臓器にされる。臓器を取られてしまう。尊厳死は臓器提供に直結していくと主張してました。

　私たちからすると「ええー!?」と思いますよね。そんな、臓器まで取られるというふうには思わない。そこまでやっぱり脳性マヒの人たちは昔から危機感をもっているんですね。

センターが入所者を別施設に移転させることを一方的に決めたことに抗議し、都庁前での座り込みを行う（テント闘争）。一九七三年、公的介護保障獲得のため「全国公的介護保障要求者組合」を結成し、地域での自立生活に入る。長らく同組合の委員長を務めていた。著書に『足文字は叫ぶ！――全身性重度障害者のいのちの保障を』（現代書館、二〇〇九年）、『愛雪――ある全身性重度障害者のいのちの物語（上・下）』（第三書館、二〇一二年）がある。

殺されて（死を早められて）臓器を取られるって。

荒井　新田さんの世代だと、例えば府中療育センター*14がそうでしたけど、医療的な施設に入るときに、入所時に「（死亡後）献体します」のサインをさせられることがあったので。

川口　ああ、そういうことから来てるのか！

荒井　それをしなければ施設に入れなかったという経験がある世代だったので。そうしたことが、危機感の背景にあったと思うんですね。

川口　なるほどね。それじゃあやっぱりリアルですね。

　ちょっと余談ですけれども、昨年（二〇一六年）ダブリンで開かれたALS／MND国際シンポジウムでアメリカの若い女性研究者が、たぶん医者の卵だと思うんですけれど、ポスター発表をしていたんです。ALSの人って徐々に筋肉が衰え、最終的に呼吸筋が麻痺して亡くなるんですが、海外では呼吸器を付けてる人ってきわめて少なくて、日本は全体の三割ですけど、アメリカだとたぶん一割を切る。もっと少ないかもしれない。なので、たいていは、自分がいつ死ぬか予測ができて亡くなっていくんです。で、彼女はそこに目を付けて、ALS患者さんたちに、「呼吸が止まるときに臓器提供します」と前もってサインをしてもらうと、ALSの患者さんから新鮮な臓器を取れるというポスター発表をしているんです。事前指示書やリビングウィルのなかに臓器提供を組み込んでいて、これはいいでしょう、いいこと思いついちゃったみたいに言われて、私なんか、すっごく恐ろしいと思った。患者さん、やりかねないから。ALSの人たちは呼吸器を付けなければ確実に死ぬし、死ぬ時期を予想できるので狙われているんです、臓器を。

　そういうことが現実になったら、私たちはなんて言うか。ALSから臓器を取られないためにどう対抗したらいいか、橋本みさおさんと考えたんです。なんて言ったらいいと思

14　府中療育センター：東京都立府中療育センター。一九六八年、重度の身体障害者・知的障害者・心身障害者を対象とした大規模複合施設（定員四〇〇名）として開所。当時は「東洋一」の設備を誇ると謳われた。一九七〇年、東京都が入所者の一部を他の施設（八王子市）に移転させることを一方的に決定したことに反対し、入所者数名が「有志グループ」をつくり、都に対して事情の説明・強制的な移転反対・センターの生活環境改善などを訴えた。この抗議行動は、後に美濃部亮吉都知事との面会を求めて、一年九カ月に及ぶ都庁前の座り込みに発展した（テント闘争）。当時のセンターは、間仕切りのない大部屋での集団生活でプライバシーもなく、トイレも決められた時間に尿器をあてがわれるような状態だった。面会は月に一回親族のみ、外出もほとんど許されず、女性入所者の入浴・排泄介助も男性職員が行い、ときには「いたずら」をされるといったことも起きていた。また、同センターに入所する際には、死亡後の解剖承諾書にサインすることが条件になっていた。府中療育センター闘争については、日本社会臨床学会編『施設と街の狭間で』（影書房、一九九六年）、三井絹子『抵抗の証——

います？「ＡＬＳうつるぞ」って。はははは（笑）。臓器からＡＬＳは感染すると言ったらいいんじゃないかと。

荒井　それもまた、オフィシャルには言いにくい話ですね。

川口　でも、それぐらい言わないとダメだろうと。

荒井　臓器提供の話なんかも怖いですね。直近の問題というか、すぐ隣にある問題になってきていますからね。

川口　だって欧米の生命倫理学って功利主義者のかたまりだと私は思っていて（笑）、彼らはやっぱり人体をリサイクルして、ということを考えていますね。働かざるもの食うべからずですから。じゃあ、働かない人、働けない人、重い障害をもっている人たちはどうやって社会貢献するかというと、臓器を提供する。そういう考え方なんで、重度障害者は狙われていると言われると本当にそうかもしれない。

荒井　けっこう世の中には怖いことがすぐ隣にあるというか。ぼく、大学の教員なので、奨学金の問題とか本当に怖いんです。返せなくなった人はどうなるんだろうと。アメリカなんかだと、一定の期間、陸軍に行ったら奨学金をあげるとか、残った奨学金をチャラにするとか。

川口　日本も、そうなるかもしれない。

荒井　実はなりかけているというか。「奨学金を返せない人には自衛隊に行ってもらったらいいじゃないか」みたいな話って、巷にちらほら出てきつつある。これ、ほんとうに怖い話です。「怖い話」って、もう、すぐ隣にあるんですよ。いま川口さんの話で「社会貢献」という言葉が出てきてピクッとしちゃったんですけど、うちの息子も来月で六歳なんですね。で、息子が高校生になるくらいには、もしかしたら学校の社会奉仕体験とかで自衛隊

私は人形じゃない』（千書房、二〇〇六年）、深田耕一郎『福祉と贈与――全身性障害者・新田勲と介助者たち』（生活書院、二〇一三年）に詳しい。

に体験入隊とかなっているかもしれない。そういう世界になるかもしれないという怖さが全然大げさじゃなく……。

川口　そうか、父親としてリアリティがある。

荒井　リアリティがありますね。

川口　私たちは、のほほーんと大人になったから、ね。（荒井さんは）だいぶ年下だから、なんか一緒にするのが申し訳ないけど。

荒井　いえ。父親という立場で、本気で怖いものがいくつかあります。

■身体を張って街へ出て、社会を耕す

川口　いまからお見せするビデオは、甲谷匡賛《まさあき》さんという方の生活です。この方はALSの患者さんなんですけども、言葉が面白い。

ちりょうとけんきゅうとしゅぎょうをあわせるにはげいじゅつがかなめになるということばがありました。

甲谷匡賛

出典がどこなのか、誰が言った言葉かわかんないんですけど、そういう言葉がありましたって（笑）。「これからはそのことをじつげんしたい」とおっしゃって、京都の嵯峨野のほうにある宇多野病院から西陣にある、昔、織物をしていた京町屋に移り住んだ。

生活保護を取って、その家を借りているんですけれども、最初とんでもないぼろ家だっ

たんです。そこを大家さんの了解を得て改築して、療養室とダンススタジオに建て直して、ヘルパーさんに入ってもらって生活しているんです。実は、甲谷さんは発症されるまで、ヨガと密教をミックスしたような道場をやっていて、治療院を経営されていたんです。そこに通って来ていた女優の卵とか、ダンサーの卵だとか若い人を、私が京都にさくら会の支店を出して、重度訪問介護の研修事業を行って、甲谷さんのヘルパーにしちゃったんです。そして、そのヘルパーを使うための二四時間介護保障を京都市から、大勢で市役所に押しかけて行って、取りました。介助者は甲谷さんの家でダンスの練習をしたあと、隣の部屋に行って甲谷さんのケアをしてバイトをする、そういうシステムを自分たちでつくった。それで、この「ダンススタジオ兼ALS患者独居住宅『スペース ALS-D』」が二〇〇九年のグッドデザイン賞を取ったんです。グッドデザイン賞って工業製品だけじゃなくて、そういう社会支援システムにも出るんですね。

では、「甲谷さんの家」っていうタイトルを私が勝手に付けたビデオを観ていただきます。これをつくってくれたのは京都新聞の岡本晃明記者。[*15] 私の手下です（笑）。

荒井　さすが、川口さんくらいになると手下がいるのか（笑）。

川口　いえ、冗談です。いつも助けてくれる頼もしい人。このビデオは、二〇一一年にベルリンで開催されたALS／MND 国際同盟会議にもって行って、およそ四〇カ国から参加している患者会の人たちに見せるために字幕は英語になっているんです。そしたらスタンディングオベーション。特にフランスの患者会からめっちゃ気に入ってもらって、というビデオです。

（ビデオ開始）

いま映ったのは、練馬区で一人暮らしをしている橋本みさおさんです。これが甲谷さん

15　京都新聞の岡本晃明記者：岡本晃明さんとの対談も『末期を超えて』第三章に収録しています。甲谷さんの自立までの顛末はこちらをお読みください。

で。甲谷さんの後ろにいるのは奥さんじゃなくて、お友だちの志賀玲子さん。奥さんとは離婚して。甲谷さんは病院から退院して独居するために、全財産奥さんにあげて一文無しになって、生活保護を取ったんです。これはさっき話に出た西陣の町家。これをみんなで改築した。このリノベーションをやったのは、京都織維工芸大学の坂田弘一先生と学生さんたちと、立命館大学大学院の学生さんたちです。

荒井　素敵ですね。

川口　こんど遊びに行ってください。

荒井　はい。

川口　この人は女優の卵ですが、甲谷さんのヘルパーになったんです。これはダンススタジオ。（しばらくビデオの音楽が流れる）こちらの方は同じALSの患者さんです。甲谷さんに患者さんたちが会いにきた。この方は由良部正美[*16]さんといって、甲谷さんが元気だったときからお友達だった方。世界的に有名な舞踏家で、由良部さんはここで定期的にダンスのセッションをしているんですけど、こうやって甲谷さんがときどき登場する。

（ビデオ終了）

という短いビデオプロモーションでした。言葉で「インディペンデント・リビング」とか「自立生活」だとか「他人介護」と言っても、よくわからないでしょ。こういう映像にして流すと伝わるじゃないですか。ここには家族はいっさい出てこない。お友達が介護資格取得して、ボランティアではなくてバイトで介護している。甲谷さん自身は無一文なわけでしょ。だけどこれだけ豊かな生活ができるよ、ということをわかりやすく伝えたわけです。ホスピスではない一般の住居で、ALS患者を看取るのではなく自立を支援することに、一定の理解を得ることができました。

16　由良部正美：一九八二年、舞踏グループ東方夜総会を退会後、ソロダンサー、振付け・演出家として活動を始める。たくさんのダンス作品、コラボレーション作品を発表。二〇〇八年七月から、京都の西陣にてスペースALS－Dを始動、新たな展開を迎えている。「由良部正美ブログ」から引用。(http://yurabemasami.blogspot.com/p/blog-page.html)

荒井　川口さんが選んでくださった③番の「ちりょうとけんきゅうとしゅぎょうをあわせるにはげいじゅつがかなめになるということばがありました」は、最初見たとき、なんのこっちゃよくわからなかったけど、いまのビデオを観たら不思議とわかった気がしました。わかった気にさせられるというか。「わかった気にさせる」ってけっこう大事ですね。

川口　そうなんです。ですから、これからの運動の伝え方って、言葉はもちろん大事だけど、こういう映像とか音楽とか、芸術……ダンスももちろん芸術に入りますけど、そういうものを組み合わせてって、なんていうの？　煙に巻く？

荒井　わかった気にさせる（笑）。とにかく、感動させる。

川口　そう、なんかいい感じでしょ？

荒井　いい感じ。

川口　このいい感じがフランスの患者会に伝わった。患者さんに対するリスペクトがものすごいって。まさにそれを私たちは伝えたかったんですけど、伝わったんですね。だから、あ、言葉いらないじゃんって、ふふふ（笑）。

荒井　街に患者さんが出るということの重要性というんですかね。人の目につくところに出ることは、やっぱり大事なんだろうと。横田弘さんたちが街に出はじめたのは約半世紀前で、当時は重度障害者のことを、みんなぎょっとして見てたと思うんです。車椅子自体を街で見ることがなかった時代ですから。横田さんたちって、冷たい目で見られようが、変な目で見られようが、いじわるされようが、ばかにされようが、とにかく身体を張って街中に出て行った。人から見られる場に出て行った。それってすごく重要だったんだろうと。

横田さんって「地域」という言葉が嫌いで、「隣近所」という言い方をしていました。「地域」って、どこでも「地域」になっちゃうんで。いま「障害者が地域で生きる」というと、表向き反対する人は少ないと思います。でも自分の「隣近所で生きる」だと、急にハードルが上がりますよね。横田さんはそのハードルを越えなければいけないと考えていたんじゃないか。

いま、保育園をつくるだけでも「子どもの声がうるさい」って大変じゃないですか。障害者のグループホームをつくるとなったときにもハードルはめちゃめちゃ高いと思うんですよ。で、そのハードルはなんなのかとなったときに、やっぱり根本的に、どれだけ一緒に同じ時間、同じ場所で生きてきたかという、その身体感覚っていうんですかね、障害のある人とか、病気のある人、異なる心身の状態の人たちと、どれだけ長い時間、近くで生きてきたかというその身体感覚ってやっぱり大事だと思うんです。横田さんたちが、あの時代に身体を張って街に出ていったことで、結果的に三〇年後、四〇年後のそういう感覚が耕されていったんじゃないか。

川口　そうですね。

荒井　けっこう無茶苦茶なこともしていたんですよね。駅に行っても、エレベーターもないわけですよ。それで、歩いてきた人をつかまえて「上まであげてくれ」と言うんですよ。みんな変な目で見る。「なんだよ……」みたいな感じになる。なんでそんなことをわざわざやるのって、当時の人は思っていたと思うし、横田さんのことを勉強しはじめたとき、ぼくもそう思っていたんですけど、でもそうしたことの積み重ねが三〇年後、四〇年後の世の中に大きく影響したと思うんです。当時の運動家たちは「いま生きること」に精一杯で、そんなにはっきりしたビジョンがあったわけではないとは思いますが。

川口　さっき打合せしていたときは、でも横田さんたちの活動していた頃と変わってないね、と言っていたけれど、もしかしたら……。
荒井　ちょっと変わっている。
川口　さっきのビデオでは、呼吸器を付けてる甲谷さんが、京都の市バスに乗っているんですよね。しかも、降車口のスロープがこう、びーっと降りてきて、そこをがあーっと、女性ヘルパーが押していく。それって横田さんたち世代の人が見たら、もしかしたら、ちょっと「やったぜ」と思うかも。
荒井　思うかもしれないですね。やっぱり車椅子でバスとか公共の交通機関に乗るというのは、最初に道をひらいたのはあの人たちですから。
川口　そうですよね。身体を張ってね。横田さんたちのおかげでバスに乗れた、呼吸器付けても（笑）。本当、ありがとう。

■楽に死なせるのではなく、楽に生きられる手段を考える

荒井　いまも、これからも、バスとか電車とか映画館とかでもいいんですけど、ストレッチャーに乗ってる人が街中にいるっていうことが続いていけば、何十年後かには、いままでは想像もつかないような装置を付けた人が街中にいるかもしれない。
川口　そう！　私たちがめざしているのはサイボーグ、機械を埋め込んだ人間なんです。ALSは全身が動かなくなって脳だけ動いて生きているので、極端に言うと甲殻機動隊？
　ALSの治療薬ができるのと、そういう工学系の技術が進むのとどっちが早いかというと、工学系のほうが明らかに早い。そうすると、手っ取り早く言えば、治らなくても身体が動けばいいわけじゃない？　そしたら、臓器移植なんて言っているけど、臓器も機械（人

工臓器）に置き換えていけば、生命倫理的な話にもっていかれないですむじゃない。

荒井　少なくともコミュニケーションの壁は越えられそうですね。

川口　そうそう。で、今日のテーマに話を戻します。コミュニケーションもいま、考えただけ、脳でイメージしたものがパソコンに映し出せるとか、脳で考えたことが文字で表せるというのは、もう現実にできています。ＡＬＳの患者さんたちがモニターになって、いま国の研究チームで開発研究をやっています。かなりのスピードで文字が打ち出せるようになっています。

荒井　尊厳死とか臓器提供とか、どうしてこんなに抵抗感があるかというと、「一緒に生きる」ということを、どこかであきらめちゃうような感じがするんですね。尊厳死や臓器提供を安易に認めちゃったら、その人たちと一緒に生きることをあきらめちゃうことにならないか。そうなると、なんとかしてコミュニケーションとろうとか、街のなかで一緒に生きていこうとか、そういったことをあきらめてしまうことになりかねない。「臓器提供で救える生命がある」という意見もあって、実際に救われた人もいると思うんですけど、でも、「それは本当に『その道』しかないのか」というのは誰か問い返す人がいないといけないと思うんです。「脳死」なんかも、人それぞれ状態は違うし、そういった状態に至る背景も違う。いろんな事情を抱えた人たちがいるのに、「その道しかない」ような言い方をされると、やっぱり警戒してしまいます。

川口　人間性ってね、私はやっぱり、なんとしてでも生きようとすることだと思うんですね。どんな状況になってもあきらめずになにか生きられる方法を探すということ。『宇宙兄弟』という漫画があるんですけど、その『宇宙兄弟』の原作者の小山宙哉さんと対談したことがあるんです。そのとき、そういう話をしたら、『宇宙兄弟』の漫画のなかにＡＬ

Sの患者さん、橋本みさおさんと岡部宏生さんが登場して、それに私も「宍戸レミ」という名前で（笑）、ALS患者会のキャラクターとして入れてもらったんです。

ALSのおかれている立場と宇宙飛行士という立場は似てるんです。宇宙では孤独でしょ、あと機械に頼って生きてるでしょ。宇宙空間では酸素や生命維持装置が付いた宇宙服なしでは生きていけないし、宇宙ステーションという環境を人工的につくっている。そして、複数の専門家チームでそれを支えているということ。人類の限界に挑むプロジェクト。よく似ているところがたくさんあるんです。[*17]

そういう機械を付けてでも、なんとか生きられるという希望がある限りは、やっぱりそういうものにしがみついてでも生きるというのが、私はむしろ人間的かなと思っている。死んだほうがましだと言ってあきらめてしまう人もいますけれど、重度の障害をもてば、あるいは疾患が重症化すればするほど、生存本能というのは高まっていって、ピュアにただ生きていたい気持ちが高まっていくというのは確かなようです。患者さんを見ていると本当にそう思うんですね。

荒井　そのテクノロジーの話と生きる本能みたいな話を引き取って、ぼくの選んだ④に行きます。これ、川口さんの本『逝かない身体』からです。

> **死だけが不可逆なのである。生きて肌に温もりが残るあいだは改善可能性が、希望が残りつづけている。**
>
> 川口有美子『逝かない身体――ALS的日常を生きる』（医学書院、二〇〇九年）より

川口　うまく、つながりましたね。

17　ALSと宇宙飛行士：『末期を超えて』第七章、佐渡島庸平さん（株式会社コルク社長、編集者）との対談「『正しい』で世の中が変わらないときに、何が有効か？」参照のこと。

荒井　はい。「生きて肌に温もりが残るあいだ」という言い方がいいんですよね。たぶん、これからいろんなテクノロジーが進んでいくと思うんですよ。いまでは解決できないことも、解決するかもしれない。でも、一番根源にあるのは肌の温もりじゃないのかなと、ぼくは思う。ぼくは割と古風なものの考え方をする人間なのかもしれないですけど。

川口　いえいえ。

荒井　原点の原点みたいなところを思い出させてくれるなあというふうに、川口さんのこの言葉を読みました。

川口　ありがとうございます。ここは泣きながら書いたところで、「伝わって」と願っていたんです。でも、こういう人たちが「ただ生きているだけ」と言われるんですよね。「いたずらに延命して」とかね。

荒井　「無駄な延命」とか、「いたずらに生かされている」とか。

川口　というふうに言われていて、医学界でも、こういう人はできるだけ早く楽に死なせてあげようという議論になっていきやすくて。緩和ケア自体は、もちろん、もともとは素晴らしい発想なんですけど。間違った緩和ケアが蔓延している。前、ここ（B&B）で中島孝先生（国立病院機構新潟病院副院長。装着型ロボット（HAL）による難病治療研究（治験）研究代表者）と対談させていただいたときのテーマがそうだったんです。間違った緩和ケアは、安楽死に限りなく近くなっちゃっていて、もうそうなったらかわいそうだからと周囲が決めつけて、楽に生きられるように自分たちががんばるのではなくて、楽に死なせて自分たちも楽になりたい。楽に死ぬというのは要するにモルヒネなどのお薬を使うわけです。

　ということで、本人が望んでいるか望んでいないかはその時点でわからない。けれども、はたから見てかわいそうだ、死なせてあげたほうがいいというふうになっちゃうのね。本人はどう考えているか。考えてないかもしれない。考えていなくて、ただ必死に生きているのかもしれないですけど。そういう人を周りから見て、かわいそうだと思って死なせていいのかということは、もうちょっと慎重に考えていかないといけないと思いますね。「最善の利益」ってやつは疑わしいです。

■終末期における「自己決定」という幻想

荒井　さっき打合せのときにも話をしたんですけど、最近、やたらと自己決定ということが言われていて、自己決定が錦の御旗みたいになっているんですけど、自己決定って、まあ、できないですよね。

川口　できないですよ。

荒井　人間の情念って、いろんなところで複雑に絡まり合っているものなので、特に生死に関わる問題とか、深刻なものについては自己決定なんてできない。

川口　「なに飲みますか？　ビールにしますか、ワインにしますか」と聞かれたら、「ビール」と言える。これは自己決定。簡単なのはいくらでもできるんですよ。だけど、やっぱり深刻になればなるほどいろんな要素が入ってきちゃって、簡単には決められない。特に呼吸器を付けるかどうかというのは、自己決定じゃないですね。私は本当に何人もそういう患者さんの相談に乗ってきたというか、相談にも乗れないんですが、自己決定じゃない。

荒井　家族の意向とか、周囲の意思とか、そういうのが出てくる。特にマイノリティは、社会の制度設計自体から外されていることがあるので、こういうときに苦しい思いをしがちですよね。ぼくが見聞した話ですけど、あるセクシャルマイノリティが脳疾患で昏睡状態になって、しばらくして息を引き取ったんです。息を引き取るまでの間にいろいろと大変だった。その人は若い頃に家族にカミングアウトして、でも受け入れてもらえなくて、家を飛び出して、ようやく出会ったパートナーと暮らしていたんです。でも、本人の意識がなくなって、最期の時間をどう過ごすかとなったとき、家族とパートナーの意向が違っていて、家族を優先するのか、パートナーを優先するのか、みたいな話になってしまう。離れて暮らしていた家族なのか、ようやく出会ったパートナーなのか。こういうときパートナーは弱い。どんなに愛し合っていても弱いんです。法的根拠がなんにもない。病院も家族を優先してしまう。「生きている間に決めておけ」みたいなことを言う人もいますけど、でも、自分がいつどんな理由で生と死の瀬戸際に立つかなんてわからないし、そうなったときに、自分をめぐる人間関係がどうなっているのかなんて、もっとわからない。やっぱり、いのちがかかる土壇場になると、誰がなにを決めるのかとか、もうドロドロで、どうにもならないことが出てくる。それをあたかも「こうした自己決定さえしておけば、みんな悩まずにすみますよ」みたいな感じに言う人がいるんですけど、それもなんだか信用できない。

川口　終末期って、やっぱりそういう人間のドロドロした部分がぶあーっと出てきて、収拾がつかないみたいな、醍醐味？（笑）って言ったらなんですが、でもそういうものですよね。だって、人が死んでいくんだもの。それはもういろんなものが出てきますよね。そういうなかで葛藤するわけですよ。

　私は母の介護をしてましたが、いまになってみれば、葛藤があってよかったなと思いますね。だから、最後のレッスンだったかなというふうにも思うし、下の世話どころじゃない、摘便までしましたから。人間の身体っていうのはどういうふうになっているのか、うちの母の介護から私は学んで、それがいま役に立っているんです。それから家族の汚いところも見えたし（笑）、いろんなことがあったけど、介護経験をネガティブに捉えないというのが大事かなと思うんですね。

療養生活でいろんなことが起きて、もう本当にこんなんなっちゃってと、家族が治療を選択したり、介護をしたことを悔いることが、たぶん一番本人にはつらいと思ったんです。介護しながらそこは気が付いたわけです。きっと本人はそういうふうに思われたくなかっただろうと。

昨日か一昨日、東京新聞に私のコメントが載ったらしいですけど、それはまさしく、終末期は個別性があって、一律に前もってこういうふうに死なせてほしいと書いておくべきであるという事前指示書に対する批判です。元気なときにこういうふうに死にたいと書いておくと、適切な治療もしてもらえなくて損しちゃうこともありますよ、と。家族に迷惑をかけないという想いで書いてしまうけど、はたして、じゃあ本当に事故や病気で大変なことになったときに、家族が本当に迷惑かというと違うかなあ、と私は思う。家族にとっても、大変なことではあるんだけれども。

私だけじゃなくて、ＡＬＳの患者さんの看病をしている家族、ＡＬＳだけじゃなくて重度の障害者の家族というのは、家族に病人や障害者がいることを、すごいネガティブにとられている方もいるんですけども、そうでもない方もいるということを知っておいてほしいなあ。

荒井　その大変さというのは、なかなかうまく言葉にならないですよね。決して不幸ではない。でも、かといって「幸せ」という言葉で言い表せるかというと、そうでもない。

川口　そう、とんでもないとは思うことがある。私なんか介護の過程で夫と離婚しちゃったしね。子どもたちの養育もけっこう適当だった、そのしわ寄せがいま頃来ていますけど。

荒井　もちろん大変なんでしょうけれど、決して不幸ではないし、かといってキラキラもしていないけど、みたいな、そうした「大変さ」を言い表すのが……。

川口　「すべて人生」ですよね。こういう人生。

荒井　介助する人の大変さを言い表す言葉が少ないんですよね。ちょっと話がそれますけど、ぼく、育児してみてケアの大変さを痛感しましたよ。子どもができるまでは、自分はわりといろんなことをできる人間だと思っていたんです。でも、そんな幻想がことごとく打ち破られるわけですよね、ちゃんとしゃべれない小さな生き物に。

川口　ははは（笑）。

荒井　本当に大変で……。

川口　どういうのが大変？　具体的に。

荒井　だって、ずーっとはりついていなきゃいけない。つかまり立ちする頃なんて、ほんと一瞬も目が離せない。ずっと緊張しっぱなしだし。

川口　あ、そういうこと。

荒井　なにもできないわけですよ。コーヒー一杯入れられない。ぼく、いろんなことを効率的に合理的にやるとか、仕事を早く多くこなすとか、そういうのが価値あることなんだと無意識に信じていたんですよね、たぶん。でも、目の前には効率とか合理性とは正反対の生き物がいる。ああ、自分は完全に「男性」というジェンダーを生きてきたんだなって思いましたよ。しかもジェンダーというのをほとんど意識しないで生きてきたんで、その点ではマジョリティのど真ん中を生きてきたんだなって。

川口　ふふふふ（笑）。

荒井　なにがしんどいかというと、「なにもしない時間[*18]」がきつい。

川口　ああ、荒井さん、それ若いのね。おじいちゃんになるとまた違う。私もそろそろおばあちゃんなんですけど、まあ、うちの子どもたちはまだ子どもを産んでないんですけど、ヘルパーさんたちがぽこぽこ産んで、よそのおうちの孫がいっぱいできているんです。もう、なんにも考えずに、得体のしれないことをする生き物とずーっと、ただいっしょにいるのが、見守りが楽しい！

荒井　そこに慣れなかったんですよね。もっと楽しめばよかった。

川口　まだ、若いから。

荒井　仕事もしたいし、やらなければいけないことがあるし、すっごい大変なんですよ。すっごい大変なんだけど、じゃあ「かわいそうですね」とか「不幸ですね」とか言われたら腹が立つ。でも、「子どもがいて幸せでしょ？」とかって、なんかキラキラした感じであっさりくくられても違和感がある。いや、幸せなんですけど。

川口　ふふふ（笑）、けっこうお疲れなのね。

荒井　お疲れなんです。

川口　ははは、育児疲れの話になっちゃった（笑）。

荒井　めまいと耳の違和感が出ちゃって、一時期「めまい外来」でもらった薬を飲んでいて、後で知ったんですけど精神安定剤でした。

川口　えー、ほんとにー？　育児ノイローゼだ。

荒井　でも、それでも不幸じゃないし、幸せです。幸せだけど大変です。

川口　大変ね。幸せだけど大変ね。

18　「なにもしない時間」：荒井による後記。トークイベント当日、ぼくは確かに「なにもしない時間」と発言しました。でも、育児は決して「なにもしない」わけではなく、やらなければならないことが膨大にあります。身体を動かして子どもに関わること（食事・入浴・排泄のケアなど）もあれば、見守ること（つかまり立ち、異物の誤飲、道への飛び出しなど）もあり、精神的なこと（体調や機嫌を気にかけるなど）もあります。ぼく自身、育児には積極的に関わってきたつもりで、ケアの大変さを実感していたはずですが、意図せず「なにもしない時間」と表現してしまったことがとても気になっていました。こうした事柄を無意識に「なにもしない」と表現したということは、自分の仕事や研究に従事するのは「なにか意味のある時間」であり、育児やケアに従事するのは「なにも意味のない時間」と対比的に考えるような価値観が、ぼくのなかに存在していたということだと思います。もちろん、育児の最中にある親たちは育児を最優先にすべきだということではなく、自分の仕事やしたいことも大事にすべきだと思いますが、こうしたケアに関わる事柄を「なにもしない」という言葉で表現したことについ

荒井　きついし、グチも言いたい。でも幸せ。これをなんて言ったらいいかということですよね。

川口　家族のケアって、子どもの育児も親の介護もしなければいけないから。

荒井　だから、そういう言葉をどんどん出していく。いままではケアする人たちというのは、沈黙して当たり前だったんですよね。

川口　そうですね。黙々とね、気配を消さないといけないね。

荒井　黙々としゃべらず、語らないことが当たり前だったんですけど、もっと語ってもいい。

■言葉のないコミュニケーションの豊かさ

荒井　というわけで、最後の一つになりました。どっちからいきましょう?

川口　じゃあ、私から、最後にコミュニケーションの⑤番を。

沈黙すれば、対話のレベルが『情報のやりとり』から『意味のやりとり』のレベルに深まっていく。

たかお まゆみ『わたしは目で話します　文字盤で伝える難病ALSのこと　そして言葉の力』(偕成社、二〇一三年)より

これはね、本当にすごい言葉なんですよ。わかりやすいですよね。ある意味、わたしたちはペラペラしゃべっていますから、いまもかなりの情報量をみなさんに提供している、

て反省しています。花田春兆さんや横田弘さんたちから厳しく戒められてきた価値観が、まだ自分に根付いていることを痛感しました。

くだらない情報が多いですけど。そうじゃなくて沈黙をしていくと、なにを言いたいのかということを思いやる関係になるわけですね。まあ、一方的に思いやっていくわけです。そうすると発する側は意味を伝えようとする、本当に短い言葉で。ほんの、音にすればいくつかという言葉で。それから意味をふくらませていくわけで。私も本のなかでその意味の生成ということを書きましたけれども。

いま、この方はまったくコミュニケーションが取れない状況になっちゃった。眼球運動も止まって、すべて止まった。どこも動かないんです。ですから、動かなくなった最初の頃は意識がはっきりしていたと思うんですけど、いまは意識レベルも非常に低い状態だろうと。だから植物状態とは違う、トータリー・ロックトイン・ステイトと言いますけど、そういう状況になっている方なんです。ご家族は、大事に大事にこの方の身体のケアをしていて。これはまた幸せな状況なんですよ。

荒井　愛しい身体がそこにあるというだけでも、幸せなのかもしれないですね。

川口　そう。そうなんですよ。この話をすると長くなる。またあとでしゃべります（笑）。

荒井　コミュニケーションっていうと、ぼくは花田春兆さんの「私設秘書」という名目で使い走りを四年間ぐらいやっていたんです。

川口　すばらしいですね。

荒井　大変重い言語障害がある方なんですね。脳性マヒの人の言語障害って、慣れないと難しいって言われるんですけど、でも「慣れ」って結局なんなのかというと、その人の日常をこっちがどれだけつかめているかどうかなんですよね。普段のボキャブラリーとか、息づかいとか、発声の癖とか。そういったものがつかめているとそんなに苦労しないです。

ただ、春兆さんは自他ともに認める天邪鬼《あまのじゃく》なので、そこに俳句のネタを入れたり、落語んですよ。

をふまえたり、古典文学を交えてくるんですよ。

川口　知性がないとわからないわね。

荒井　「荒井は国文学科だからわかるだろう」と、けっこうそういうのを織り込んでくるんですよ。

川口　挑んでくる、ね。

荒井　そうそう。面白かったですね、そういうコミュニケーションが。

川口　教養がある人は違うのね。

荒井　そうすると、この単語を言ったから、きっとこういうことだろうな、この文脈でこう言ったから、こういうことだろうなというのが、すっと入ってくる。それはすごく心地いいですね。ただ、いま春兆さんは体調を崩されていて、本当にコミュニケーションができない状態なんです。そうすると逆につらいですね。昔は春兆さんの言うことがあんなに聞き取れていたのに、聞き取れなくなっている自分がいて、すごくつらくなってくる。大恩人の師匠なのに、会うのが怖いと思っちゃう自分がいる。その怖さというのを、ひしひしと感じています。

川口　そうですね。怖いというか、淋しい。

荒井　本当に淋しいですね。なんかもう、本当に申し訳ありませんという感じで。

川口　でもやっぱり腹をくくらないと、そのように障害が重い人たちと付き合えない。私の友達、呼吸器付けている人の割合がすごい多くなって（笑）。普通の友達もけっこういますけど、FBでやりとりしてる友人の半分ぐらい呼吸器付けているわけで。そうするとこの人たちは、はかないんで。進行性の難病だから、一年一年どんどん悪くなっていっちゃうし、たぶん私より先に死んじゃうんじゃないかなと思ったりして。でも、橋本に「違う」

ないとね。

と言われて。川口が先だって、ふふふ（笑）。でも、いつ死なれてもいいよって腹くくん

■相模原事件を「異常な人間がやった異常なこと」で切り捨ててはいけない

荒井　では、最後に私のほうの⑤番。これは吉田おさみさんという精神病の方の言葉です。六〇年代の後半から七〇年代に医療界で精神科医療批判が高まってきて、患者たちの団体もできたりするんですけど、吉田さんはそうした時代に強烈に精神科医療批判をした人です。

気が狂う状態とてもそれが抑圧に対する反逆として自然にあらわれるかぎり、それじたい正常なのです。

吉田おさみ『〝狂気〟からの反撃——精神医療解体運動への視点』（新泉社、一九八〇年）より

川口　これは怖い言葉だよね。

荒井　すごい言葉ですよね。『〝狂気〟からの反撃』（新泉社、一九八〇年）っていう本からなんですが、まさに反撃なんです。でも、こういう大事な本はことごとく絶版になっていきますね。もったいないと思います。

ぼくはこの言葉を引き合いに出して、いろんなところでお話しするんですけど、誰の心でも、どんな心でも、条件さえ整えば壊れます。これは断言してもいいと思います。

ときどき「自分は鬱にならないから」みたいなこと言う人いますよね。別に調査したわ

けじゃなくて、ぼくの経験上の話ですけど、こういうことを言う人って二つのパターンに分かれると思うんです。一つは「鬱」ということをわかっていない人。もう一つは、どっかで誰かを「鬱」にしている人。

川口　はあー、怖いね。

荒井　そのふたつのパターン。で、人間の心って、誰の心でも、どんな心でも、壊れると思うんです。壊れることが正常なんです。壊れない心があったら逆に怖いです。壊れるということを織り込んで社会の仕組みをつくっていかなければならない。でも、これちょっと最初の話題に戻るんですけど、じゃあ植松聖も正常ですかと言われると困っちゃうんですね。本当に困ってしまう。

川口　なんて言えばいいんだろうね。うちにも同じ年頃の息子がいて、やっぱり悶々としてる。自己実現したいけど、それだけの能力がない、でも自分はなんとかして、なにか目立つことをしたいと思っているんですね。社会に役立つ立派なことをしたいと思っている。そのあたり似ているの、植松と。うちのは「そっち」のほうにいかないで、いまのところ私の手の届くところにとどまっているけど、そういう若者がいっぱいいるわけですよね。なにかのきっかけで「植松」になる。植松の場合は、優生思想をきっかけに自分のミッションが決まっちゃった。こいつらを殺せば俺は世の中の役に立つ、というふうに。大きな勘違いだけど、彼のなかではそれが正当化されちゃったわけですから。なんかね、ちょっと。

荒井　だから、植松という人間が、ああいう事件を起こすようになってしまった問題を、とにかく考え続けなきゃいけない。「異常な人間がやった異常なこと」で切り捨てたらいけない。

川口　そう。

荒井　考えることって、答えを出すこととは直結しないんですよ。答えを出すと終わったことになってしまうことがあるので。

川口　なんでも答えを出せばいいというものではない。だからやっぱり、自分が植松になるんじゃないかとか、自分の子どもがそうなるんじゃないかと、みんながそう思っていれば、まだましなほうに行くかもしれないな、ちょっと希望が見えてくるかなって。

荒井　そうだと思います。吉田さんの言葉はけっこう怖い。

川口　吉田さんの言葉から学びますね。

荒井　本当に自分のほうに突き刺さってくる言葉で、ちょっと最後、深刻にしてみました。

川口　ふふふ（笑）。精神の話で終わった。

荒井　この言葉に真実とか真理みたいなものが含まれていると思うので、みなさんにもこれを抱えて悶々として帰って頂こうと。

川口　無知の前に謙虚じゃないとね。

荒井　うん、そうなんですよね。というわけで、最後ちょっと走りましたけれど時間がまいりました。

荒井・川口　長時間お付き合いいただき、ありがとうございました。（拍手）

かわぐち・ゆみこ……NPO法人ALS／MNDサポートセンターさくら会副理事長、有限会社ケアサポートモモ代表取締役。二〇一三年立命館大学大学院先端総合学術研究科博士課程修了。二〇一〇年『逝かない身体——ALS的日常を生きる』（医学書院、二〇〇九）で第四十一回大宅壮一ノンフィクション賞受賞。重度コミュニケーション障害をもつ人のQOLと意思伝達方法の研究に従事しつつ、全国規模でALSヘルパー養成研修事業及び介護派遣事業所の開設を支援している。

（本対談は、二〇一七年五月一二日に本屋B&Bで行われたトークイベントを加除・修正したものです。）

資料1　障害者運動・患者運動の名言五選

■荒井裕樹選

①初鴉「生きるに遠慮がいるものか」（花田春兆）

②母さんが往きました／ひっそりと手を振りながら／母さんは　往きました／足音はもう消えました／鴉がないています／二羽の鴉がないています／ジーッと私を見ています／地球は淋しくなりました（横田弘）

③舟下ろしで人々の愛情に触れてわかったのは、「あっち」への誘いより「こっち」への誘い、つまり死ぬことより、生きることへの誘いの方が、強かったということです。（緒方正人）

④死だけが不可逆なのである。生きて肌に温もりが残るあいだは改善可能性が、希望が残りつづけている。（川口有美子）

⑤気が狂う状態とてもそれが抑圧に対する反逆として自然にあらわれるかぎり、それ

じたい正常なのです。（吉田おさみ）

■川口有美子選

①「ヘルパーは派遣するが、吸引は家族がするように」。だったら家族はいつ眠るのよー！（橋本みさお）

②不幸にして罹患した者よ。敢えて言う。生きなさい　そして　周りの者達を正しなさい。愛はなくとも人の心があれば良いのです。そして自分は自分の心を持ちなさい。そして如何に辛くとも治ることを信じて生きなさい。生きよ。生きよ。（長岡紘司）

③ちりょうとけんきゅうとしゅぎょうをあわせるにはげいじゅつがかなめになるということばがありました。（甲谷匡賛）

④介護者と関係をつくっていくのが全身性障害者の介護なのです。（新田勲）

⑤沈黙すれば、対話のレベルが『情報のやりとり』から『意味のやりとり』のレベルに深まっていく。（たかお まゆみ）

第四話

「映画」を通して「思想」は鍛えられた
——『さようならCP』をめぐって

対談者・原一男、小林佐智子

日本の障害者運動史を語る上で、ドキュメンタリー映画『さようならＣＰ』の存在は欠かすことができません。この映画の上映運動を通じて青い芝の会の地方組織・全国組織化が進んだだけでなく、脳性マヒ者以外の障害者にも強烈なインパクトを与えました。原一男監督が横田弘さんに惹かれ、映画が生まれた背景には、一体どんな経緯があったのでしょうか。一九七〇年代という時代背景とともに考えていきます。

■『さようならＣＰ』は、まさしく「七〇年代」の映画だ

荒井　お忙しいところ、お時間を取っていただいてありがとうございます。原監督にお会いできて嬉しいです。というのも、監督の第一作『さようならＣＰ』（疾走プロダクション、一九七二年）を撮影されたときのことをお聞きしたかったのです。

青い芝の会神奈川県連合会の人たち、特に横田弘さんが主人公のようなかたちで採り上げられているドキュメンタリーで、この映画の自主上映活動を通じて青い芝の会の支部が各地にできていきます。一九七〇年代に各地で盛り上がった障害者運動の、一つの震源地になった作品で、戦後日本の障害者運動史を考える上でも避けて通れません。

いろいろとお聞きしたいのですが、まずは撮影に至るまでの経緯をお聞かせください。どうやら、監督が光明養護学校[*1]で介助員として働かれたご経験がきっかけになったようですね。

原　いやいや、それはずっと後です。最初は写真学校に入学して、最初の夏休みになにかテーマを見つけて、しっかり取り組みなさいという宿題があって、なにを撮るかと迷っているときに、秋田から集団就職で秋津療育園[*2]に女の子たちが就職しに行くという美談仕立

1　光明養護学校：第二話＊4を参照。

2　秋津療育園：東京都東村山市に所

ての新聞記事を見て、子どもたちじゃなく、若い女の子たちを撮ろうと思って秋津療育園に通ったんですよ。

　それで秋津療育園に行ってみて、びっくりしたんですね。重症心身障害児の施設なので、「ああ、世の中にこんな子たちがいるんだ」と。私、田舎にいるときに障害者という人に一人も会っていませんからね。それで、そこで働く女の子たちを写真に撮ったんですけど、子どもたちも写真に撮ったというのが、私にとっての障害者との出会いですね。最初はすごく動機が不純だったなという気がしますが。

荒井　それはいつ頃のご経験ですか?

原　写真学校に入った年だから、年齢で言うと二〇歳でしょう。私、二〇歳で東京に出たんで。東京オリンピックの翌年（一九六五年）じゃないかな。その写真を撮り終わって、夏休みが終わって、学校にその写真を提出して、「これで終わり」とは思えなかったんですね。もっと勉強しなくちゃいけないんじゃないかと思っていたら、重症心身障害児の施設のなかに、職員として働いているちょっと年配の女の人がいて、その人がCP（脳性マヒ）だったんです。その人が久留米園[*3]を紹介してくれたんですよ。そこに行ってみて、寺田純一[*4]さん（東京青い芝の会）に会って。この寺田さんという人は、また頭のいい人でね。いろいろ親切に教えてくれました。

　それで寺田さんから、「脳性マヒの人たちを中心にしたグループがある」と教わって、「会ってみたら」と言われて会ったのが磯部眞教[*5]さん（東京青い芝の会）で、その人がリーダーのグループが、厚生省交渉みたいなかたちで、国に自分たちの問題をぶつけるということをやっていたんですよね。その現場に写真を撮る目的でついて行っていたんですよ。そのなかに、国立身体障害センターで闘争[*6]している人がいた。それはどういう闘争かというと、

在する重度心身障害児（者）施設。一九五八年に、草野熊吉により設立された。秋津療育園のHPには以下のようにある。

「昭和三三年、創設者　草野熊吉が、重症心身障害児の呼び名や、児童福祉法、医療法、教育基本法など法的・予算的裏付けがなく、『福祉の谷間』に置かれた重複障害児のために『楽園の建設』を願い、障害児（者）を保護することにより家庭の不幸を未然に防ぎ、障害児（者）が家庭の延長として一生を過ごせる場所とし、同志の協力を得て現在の地に二一床から開設しました。」

3　久留米園：東京都小平市に所在する救護施設。現在の名称は「社会福祉法人まりも会　救護施設くるめ園」。一九六〇年、無認可の重度障害者の生活の場として、東京都北多摩郡久留米町（現・東久留米市）に開設。一九六二年、社会福祉法人の認可を得る。国立身体障害センターに勤務していた田中豊と、田中寿美子の夫妻によって設立・運営された。一九八八年に東久留米市から小平市に移転（以上の経緯は、「救護施設くるめ園」HPを参照）。なお、それまで脳性マヒ者同士の親睦団体だった青い芝の会が、政治・社会の問題に深く関わりはじめる

センターでは障害者の脚を手術するわけ、外科的にね。和田博夫という外科医が「もっと楽に歩けるようになる」ということを言っていて、センターの入所生たちが手術を受けられるようにしてほしいと言っていた。そういうことも、厚生省への要求項目に入っていたんです。

このセンター闘争にも、青い芝の会の人たちが支援に来ていた。それで横田弘さん、横塚晃一さんを紹介してもらってマハラバ村[*7]に行ったという経緯があるんです。

マハラバ村に通って写真を撮っている途中に、横田さんたちに子どもができて、村から飛び出るということがありました。そのこともあって、私のなかで障害児教育という問題が避けて通れないと考えたんですね。具体的に誰かに教わったというわけじゃなくて、なんとなくそういう問題意識があったんです。それで障害児教育のことを熱心にやっている教研集会に何回か行っているうちに、光明養護学校を紹介してもらって、写真を撮りに通いはじめた。そういう経緯があるんです。いろいろ、あちこちほっつき歩きながら、その一環として光明に行くようになったんです。

荒井　横塚晃一さんは後に全障連[*8]の中心人物になります。一方で当時、障害児教育を熱心に考えていた教職員は全障研[*9]を支えたような方々だったと思います。五四年度養護学校義務化阻止闘争[*10]のときには、全障連と全障研は激しく対立することになりますが、原監督は六〇年代の終わり頃に、両方の立場の中心的な人たちとお会いになっていたことになりますね。障害者問題というのは、六〇年代くらいまではまだ混沌としていて、多くの人が手探りだったのかもしれません。これが七〇年代以降になると、各種の障害者団体は、それぞれの主義主張の旗色が鮮明になっていって、片方に出会うと、もう片方にはちょっと出会いにくい、といった状況になっていたと思います。

ようになったのは、寺田純一・磯部眞教ら、久留米園在所生の集団入会が一つの契機になったと言われている。彼らは開設者である田中の方針で、徹底的に自主的かつ主体的に行動することを鍛えられたという。〔以上の経緯については、拙書『障害と文学――「しののめ」から「青い芝の会」へ』（現代書館、二〇一一年、五〇頁）の記述と、そこに示した参考文献を参照した。〕

4　寺田純一：一九三八年、神奈川県生まれ。脳性マヒ者。運動家。国立身体障害者更生指導所（後の国立身体障害センター＊5）に入所しセンター闘争を経験後、久留米園（＊3）に入所。東京青い芝の会に所属し、障害者の自立生活運動を牽引した人物の一人。東京青い芝の会は、青い芝の会の「行動綱領」をめぐる対立から、一九七五年以降全国青い芝の会とは一線を画し、独自路線をとり、所得保障、住宅保障、アクセス権保障を主に活動していくことになる。

5　磯部眞教：一九四〇年生まれ。一九七三〜七五年、全国青い芝の会副会長。制度改革を中心に担当し、東京都にケア付き住宅、八王子自立ホームをつくらせ、所長を務める。

原　いろいろな現場があるんだなという実感がありましたね。もっといろいろ知りたいと思うじゃないですか、一つの現場に行くと。障害のある子どもがいるけど、その子どもが大人になったらどうなるんだ。その大人は施設にいるけど、実際になにか闘争をやっていないのか。いや、やっている人たちがいる。闘争にもいろいろあって、大仏空和尚[*11]なんていうのは、マハラバ村を拠点に「対国家」「反国家」みたいな拠点をつくろうとしたわけですよね。あれは「障害者問題」でなくてもよかったわけですよね、大仏さんにとっては。

　そういったことをいろいろ学んでいくなかで、横田・横塚と仲良くなって、また一方で光明養護に行っていました。光明養護に行ったとき、武田美由紀がアルバイトで働いていたんですよね。それで彼女と知り合って、ということで『極私的エロス・恋歌1974』（疾走プロダクション、一九七四年）につながることもはじまっていくんです。

　当時の光明養護は、学校内での子どもの介助を親がしていたんです。教職員と保護者のなかから「それはおかしい」という意見が出て、子どもの面倒を見る職員の配置を都に要求しようじゃないかという運動になったんですよ。それが美濃部都政だということがあって、認められたんですよね。それで新たに職員募集ということで、武田美由紀も正規の職員になって、私も「応募してみないか」ということを言われて、その気になって応募したらパスしたんで、正規の介助職員になったということがあるんですね[*12]。

　当時の光明養護は、基本的にクラスが二つあるんですよ。軽いほうと、重いほう。重いほうというのは、いろんな障害が交じっている子どもたちを集めたクラスなんです。そこのクラスの教員の補助ですね、私の仕事は。そこで私が受けもったクラスの子どもたちの写真を撮っていました。

　ただ、一年やっているうちに、学校の職員というのが自分には向いていないという感じ

6　国立身体障害センター闘争：国立身体障害者センターは、一九四九年に「国立身体障害者更生指導所」として、神奈川県相模原市に開設された。肢体不自由者のための国立リハビリテーションセンターであり、主に「職能技術」と「更生医療」が施されていた。その後、同施設は一九五三年に新宿区戸山町に移転。一九六四年に「国立身体障害センター」と改称。その後、他のリハビリセンターと統合され、一九七九年に「国立身体障害者リハビリテーションセンター」が発足。二〇〇八年「国立障害者リハビリテーションセンター」と改称された。現在の所在地は埼玉県所沢市。

　国立身体障害センター闘争とは、一九六二年から一九六七年にかけて起きた、センター在所生および修了生（同窓会「更友会」）らによる闘争。当初、同センターでは整形外科医・和田博夫によって、四肢の機能改善のための手術が行われていた。しかし、一九五九年、所長の交代を機に「手術は総合判定会議の結果、職能的に改善可能なもので、三ヶ月以内に職能訓練を実施し得る見込みのあるものにのみ行う」と、その対象者を大幅に制限する方針転換がなされた。この方針転換に対し、手術によって身体機能の改善

がしてきてね。別のところに行かないとダメだと思って辞めたんです。それで一年間で撮りためた写真を整理をして、若手の登竜門みたいな銀座の「ニコン・サロン」にもって行ったら審査にパスして、写真展をやるようになったと。そのときに、この人（小林佐智子氏）に出会ったと。ざっと言うと、そういう経緯です。

荒井　お話をうかがっていて、六〇年代後半からの、障害者運動の一番熱いところを原監督が歩かれていたことを知り、とても驚いています。いろいろな人にお会いになっていらっしゃいますが、最終的に横田弘という人物を撮ろうと思ったのは、どうしてでしょうか？

原　それはね、やっぱり七〇年代という時代だったからだと思うんです。障害者運動だけに触れているわけじゃないですよね。街を歩くと全共闘運動とか、新宿の西口のフォーク広場とか、そういうのにも触れるでしょ。それからアートの世界でも「ハプニング」とか「肉体」というキーワードがしきりに使われていたのも七〇年代だと思います。「身体論」という言葉も、その頃に出会っているんですよね。あとは寺山修司の『書を捨てよ、町へ出よう』（芳賀書店、一九六七年）とか。そういうものが洪水のように押し寄せてきた感じがあって、そのなかで私も必死に学ぼうとしているようなところがあったと思います。

その頃、必死にそういう本を読んだりして、自分にインプットしていくじゃないですか。でも、みんな「借り物」なんですよね。その「借り物」の理屈を障害者運動に当てはめるという流れが、自分のなかに自然にあったと思います。必死に吸収した見方・考え方・価値観を障害者運動に当てはめていくということを、意識してやっていたわけじゃありませんけど、無意識のなかでやっていたと思うんですよね。

その頃、この人（小林佐智子氏）と会って「映画をやらないか」と言われて。なにをやるかというのは決まっていなかったんですけど、一年間経つうちに、身体論的に障害者運

を得られた修了生たちが方針撤回を求め、センターや厚生省に対し、団体交渉や座り込みなどを行った。なお、この闘争を様々な障害者団体が支援したことで、一九六二年、身体障害者団体連絡協議会（身障連）が結成された（ただし身障連はセンター闘争の終了後、ほどなくして自然消滅）。以上の経緯は、二日市安『私的障害者運動史』（たいまつ新書、一九七九年）に詳しい。

なお、このセンター闘争にはマハラバ村から大仏空・横田弘・横塚晃一ら約一〇名の住人が参加し、座り込みに加わっている（横塚は同センターの出身者であった）。以上の経緯は、横田弘『ころび草——脳性麻痺者のある共同生活の生成と崩壊』（自立社、一九七五年、二〇〇頁）に記載がある。

7　マハラバ村：一九六三〜六四年頃、僧侶・社会運動家だった大仏空（第三話＊11）が茨城県石岡市の閑居山に所在する願成寺（当時は廃寺となっていた）に開設した、脳性マヒ者たちによる解放区（コロニー）。開設した後、いつしか「マハラバ村」と呼ばれるようになった。なお「マハラバ」とは、サンスクリッド語で「大いなる叫び」という意味。後に青い芝の会神奈川県連合会の中心メンバー

動を考えてみるというようなことが私のなかにできていたと思うんですよ。それで、横田・横塚たちを主人公にして映画をつくろうやないかというふうに、方向が決まっていったんですよ。それで横田さんに、「映画やろうよ」と半年かけて口説いて。「あんたたち夫婦が真っ先に飛び出たことが原因でマハラバ村が崩壊[*13]していくんやないか」と。「あれだけお世話になった大仏和尚に対して、あんたは落とし前をつけないとあかんじゃないか」と。「ただ「落とし前をつける」というのは、「申し訳ありませんでした」と謝ることじゃなくて、「マハラバ村の価値観を乗り越えるものを、あんたたちはつくらなければいけないんじゃないの？」ということを、私が半年かけて口説いたんですよ。

最初から横田・横塚を主人公にして、と言ったときに、それまでの障害者を描いたような「人権」とか「同じ人間」とかいったヒューマンな要素は一切拒絶すると。ただ横田・横塚の、特に横田さんの肉体を撮るんだと。横田たちの身体障害という肉体を排除しているのは都市であると。都市という言い方もまた、羽仁五郎の『都市の論理』（勁草書房、一九六八年）という本がベストセラーになって、私らも吸収していたわけだから、都市が排除しているというふうに理解するわけでしょ。

じゃあ、排除している都市のなかに、排除されている肉体を放り込む。横田さんたちの肉体を都市のなかに放り込むことによって、そこで反乱を起こすと。理屈から言うと、そういうふうに組み立てていって、横田弘に「どうだ？」ってね。「この考え方を実際に身体を張ってやることで、大仏さんの『革命の論理』を絶対に乗り越えられるんだから」と言って口説いたわけです。

「肉体」がどうのこうのという感じは、横田さんにはなかったと思いますね。それは私が口説いた。私がオリジナルで思いついたんじゃなくて、やっぱり時代のなかでいろいろ

となった横田弘・横塚晃一・矢田龍司らが、ここで共同生活を送り、大仏和尚から親鸞の思想や毛沢東の革命理論について薫陶を受けた。マハラバ村は、住人たち同士の結婚・出産をきっかけにして、子どもを社会のなかで育てることを希望したメンバーらの下山が相次ぎ、一九六九年頃には一つの役目を終えたかたちとなった。その下山第一号が、大仏和尚の実質的な一番弟子であった横田弘夫妻であった（一九六七年一二月末のこと）。

8　全障連：第二話＊6を参照。

9　全障研：正式名称は「全国障害者問題研究会」。一九六八年結成。障害児の教育・医療・福祉に関わる研究者・教育関係者・医療者・保護者たちが中心となった研究会。「人間らしい発達」「発達保障」をスローガンに、療育・保育・教育・福祉分野の発展に貢献してきた。教育を受けることは人権の保障であるという理念のもと、障害のために義務教育さえ受けられずにいた児童・生徒（「就学免除」「就学猶予」）をゼロにするため、養護学校の義務化を推進する立場をとった。このことから、「養護学校義務化阻止」を掲げた全障連と激しく対立することになっ

吸収したものを、私もまたそういうふうに実践することで、よりリアルに自分のものにしていくというプロセスでもあるわけですけども。

それで横塚さんにも「見られる側から、見る側へ」って。あれはまさしく七〇年代の写真の世界で、そういう価値観をひっくり返すみたいな。森山大道とか中平卓馬の二人が中心になって写真論を構築していたんです。私も写真をやっていたので、あちこちからエキスみたいなものをインプットして組み立てて、それを全部、横田にぶつけていくみたいなことをやったんだと思いますよね。

だから、まさしく『さようならCP』という映画は「七〇年代の映画だ」と、自分でも言えるなと思います。

■あの朗読はなんだったのか？

荒井　以前、横田さんの評伝（『差別されてる自覚はあるか――横田弘と「青い芝の会」行動綱領』現代書館）を書きました。表紙にも、『さようならCP』の一場面を使用させていただきました。横田さんが街頭に座ったまま、拡声器を手に叫んでいる場面です。この本を書いていて、「時代の空気感」を伝えることに苦労しました。というのも、横田さんたちが当時、どんなかたちで運動をしていたのか、その現場の様子を伝える写真がほとんど残っていないのです。

原　そうでしょう。障害者運動に興味をもって写真を撮る人は、ほとんどいなかったんじゃないですかね。

荒井　それにカメラも高級品でしたし。障害者運動に関わる人たちは、みんな経済的に余

た（以上の注釈は、拙書『差別されてる自覚はあるか』第八章の記述に基づく。）

10　五四年度養護学校義務化阻止闘争：第二話＊10を参照。

11　大仏空和尚：第三話＊11を参照。

12　光明養護学校の「介助員」制度について：光明養護学校（原監督勤務当時の名称）では、一九三二年の開校以来、通学や日常の動作が困難な重度障害児には付添人（多くの場合は母親）を求めていたが、その後、それが事実上の入学許可条件となった。戦後になってもこの制度は続き、重度障害児には学習補助・教室移動・給食・排泄などの介助のために毎日親が付き添っていた。これが保護者や家庭への過度の負担になること、児童の自立心育成の妨げになること、授業運営に支障をきたすことから、一九六〇年代後半に大きな問題となる。同校は公立校なので、公費で「介助員」を雇用してほしいという声が上がり、特に重度障害児の母親たちが中心となって全校をあげての運動となった。その口火を切ったのが、松本昌介教諭（当時）が担当していた四年二組だった。この運動が実を結び、一九六七年四月、都立養護学校に「介

裕はない。ボランティアの学生たちだって買えない。それで気になったのは、映画のなかで横塚さんが一眼レフをもっていた点です。

原　横塚さんには、私がずっと使っていたカメラを貸してあげたんですよ。ペンタックスなんですけど、あれにワイドレンズを付けて。

荒井　横塚さんはマハラバ村で共同生活しているときから、カメラをもっていたようですが。カメラを構えている写真が残っています（参考写真）。

原　これは大仏さんの奥さん*14が日常的に使っていたのだな。たぶん、そうじゃないかな。横塚さんにも「身体障害を意識して世の中を見ると、どう見えるのかね」というふうに私から話をもちかけたんですよ。「俺のカメラを持って写真を撮ってみなよ」と渡したんです。それで横塚さんが撮った写真を『さようならCP』のパンフに入れていますけど。やっぱり、ちょっとおかしいんですよね。おかしいというのは、シャッターを押すときに不随意運動で、ちょっと画角が崩れるという程度の意味です。別に障害者だからといって、そんなに世の中が違って見えるわけないんですよね。

ただ「障害者が見たら健全者と風景が違って見える」という観念ですよね。その観念を、横塚さんを通して映画のなかに取り込もうかと考えたんです。映画のなかで横塚さんがカメラを構えて、「カメラをもったら恐かったよ」というような実感をしゃべっていますけど、カメラをもつように仕掛けたのは私のほうなんです。

荒井　ぼくは、あれ横塚さんのカメラだと思っていました。横塚さんだけ自分のカメラをもっていたのかなと勘違いしていました。

原　そうですか。その後に買ったかどうかは知りませんが、映画のなかに映っているカメラは私のカメラです。横塚さんは非常に頭がいいし、飲み込みが早いんですよね。私

助員制度」が誕生した。以上の経緯については、松本昌介『父母と教師の燃えたとき——肢体不自由養護学校介助員の記録』（田研出版、一九九八年）に詳しい。

13　マハラバ村の崩壊：この点について横田弘は、マハラバ村の体験記である『ころび草』（前出）に、以下のように記している。

「今までによく、マハラバ村崩壊の原

参考写真：1967年頃のマハラバ村（車椅子に乗っているのが横田弘。そのとなりで横塚晃一がカメラを構えている。マハラバ文庫提供）

がいろいろ学んだことを一言いうとね、次の瞬間には、あたかも自分が昔から学んでしゃべっているというくらいに消化が早くて。全部、自分の理論としてしゃべれるくらいに。ああ、すごい頭のいい人だなと感心したことがあります。

荒井　脳性マヒ業界の長老みたいな存在だった花田春兆さんが、「しののめ」という文芸同人団体を主宰していて、そこに横田さんも横塚さんも投稿していました。その「しののめ」がブックレットを数冊出しているんですけど、そのなかに、横塚さんが作業所のような部屋で機械を組んでいる写真があるんです（しののめ編集部編『家族・教育・障害児』しののめ増刊、一九七七年）。横塚さんは、整肢療護園[*15]でも子ども会の会長をしていた（矢田龍司「横塚氏を想う」、横塚晃一『母よ！殺すな』生活書院版、二〇〇七年、三二四頁）。父親からも「常々働くことは人間としての資格なのだと言い聞かされ」て育ったと、著書（『母よ！殺すな』）に収録された文章に書いています。光明養護も整肢療護園も、当時の感覚から言うと「エリート障害者」といった感じです（第二話参照）。だから、横塚晃一という人物も「どこに出しても恥ずかしくない障害者」という感じだったんでしょう。その人が「健全者社会」に反旗を翻した。

原　それは、やっぱり大仏和尚の影響だろうと思いますね。

荒井　大仏和尚を横田さんに紹介したのも、実は花田春兆さんのようです。当時、「しののめ」の例会を麻布の花田さん宅で開いていたこともあって、「和尚が横田君を背負って、よく家に来てたよ」なんて話されていました。大仏和尚を障害者運動に引っ張ってきたのも、どうやら花田さんが関わっている。さっき名前が出てきた寺田さんも磯部さんも、どこかで花田さんと接点があります。

原　あの辺はいろいろあっても、つながっていますね。

因として『障害者』が『健全』な子どもを生んだからだ、ということが語られてきた。／『健全者社会』からはじき出された脳性マヒ者が『健全』な我が子を通して再び『健全者社会』に没入して行こうとしたこと、つまり、／『私たちは脳性マヒ者だからマハラバ村で生活するのも仕方がないが、『健全』な子どもは社会の中で育てるべきだ。』／という意向が女の人の間で盛んになり、その意向が一番強かった淑子の意見に私が一も二もなく従った、というのだ。／私はこれを否定しようとは思わない。少なくとも淑子を始めとした女の人にそうした意見が強かったことも事実だし、崩壊の現象を表面的にだけ把えるならば確かにその通りだ、と言えるだろう。」（二二三頁）

14　大仏さんの奥さん：大仏照子《あきこ》、一九二九〜二〇一二年、北海道生まれ。旧姓・井原。児童養護施設・富良野国の子寮で大仏空と出会う。一九五六年、大仏空と結婚。閑居山願成寺でのコロニー（後のマハラバ村）を支えた。評伝に、増田レア（大仏夫妻の娘）著『無縁の地平に——大仏照子の生涯』（マハラバ文庫発行、二〇一五年）がある。

15　整肢療護園：第二話＊3を参照。

荒井　もう一つ、細かい事実関係をお聞きしたいんですけど、『さようならＣＰ』で横田さんが詩を朗読する場面がありますよね（シーン二一「横田弘・詩」）。「足」という詩を朗読する。ちょっと読ませていただきます。

「足」
私のまわりに集っている大勢の人々
あなた方は、足を持っている
あなた方は、あなた方は、私が、あなた方は私が歩くことを禁ずることによってのみ
その足は確保されているのだ
大勢の人々よ
たくさんの足たちよ
あなた方、あなた方は何をもって、私が歩くことを禁ずるのか
（『さようならＣＰ』パンフレット、二七頁）

途中で刑事たちが割って入ってきて、「見世物」になってるから「保護」すると言われて中断させられてしまうので、この詩はこれで全部なのかどうかわからないのですが。朗読にあたって、この詩を選んだのは横田さんご自身ですか？

原　それはもちろん、そうです。詩の朗読をやってみたいと言い出したのは横田さん本人ですからね。選んだのも、もちろん横田さんです。

荒井　なんでこの詩が選ばれたのかなというのが気になっていて。詩のセレクトについてはなにかおっしゃっていましたか？

原　詩の内容については、一切、私のほうからあれこれ注文したということはありません。歩行者天国に行こうということが決まった時点で、横田さん自身の発想で、あの詩を用意したんです。

荒井　大変よく似た詩に、青い芝の会がメーデーに参加したときにつくった「祭壇」というものがあります。

祭壇

足
私の目の前を通り過ぎる
ミニ・スカートの
折目のついたズボンの
白いズツクぐつの
小さいサンダルの
おびただしい足の群れよ
ふりかえれ　わたしを

そうだ　お前たちは
私が歩くのを許さないことだけで
足と呼ばれる
私が道路を膝で動きまわるのを禁じることだけで

足と認められる
ただ　そのことだけで
お前たちは歌え、働け、笑え、
傲慢にねそべる
そして　私は
四畳半の祭壇に祭り上げられる

足
今わたしの目の前を通りすぎる
おびただしい足の群れよ
振り返えれ　この私を
今日　祭壇を自ら降り
私はここに　生きているのだ

（青い芝の会神奈川県連合会機関誌『あゆみ』九号、一九七〇年六月、一〇頁）

原　打ち合わせのときに「詩の朗読をしてみたい」と本人は言っていましたけど、ああいうふうに輪を描いていてというイメージが最初からあったかどうかはわからないんですよ。とにかく強引に、確か「暴力的に」という言葉を使った気がするんですが、無理やり道行く人を「俺の詩を聞け」と言って連れてきて、「俺の詩を聞かせる」というふうに言っていたんですよね。形式のほうは、横田さんとそういう会話をしているので、はっきり決めていたと思うんですが、どういう内容の詩をそこで聞かせるかというのは、それは私があれこれ言うことないというふうに思って、一切関与していないですよ。

あのシーンは最初、新宿の地下のプロムナードに着いて「じゃあ横田さん、後はどうぞ」と言って、私らは離れるわけです。それで道行く人に「俺の詩を聞いてくれ」とお願いしているんですが、相手から見ると、なんか変なおっちゃんが自分に近寄ってくるんで、気味悪がって逃げてしまう。それで、ここじゃもうどうしようもないというんで、場所を変えて東口の広場に横田さんを連れて行くんですね。それで横田さんが、ああいうふうに円を描いて、というふうになるんです（参考写真）。


荒井　短文芸を愛好する障害者は少なくありません。身体的な問題で「短文」というのが馴染みやすいんだと思います。でも「朗読」は、言語障害の重い横田さんのような人にとっては、「身体から最も遠い表現方法」だと思います。それを街行く人に無理やり聞かせようとしている。横田さんはなにを意図されていたのか。

この詩、「足」も「祭壇」も、横田さんの詩としては珍しいです。横田さんの詩って、自分のなかで痛みや怒りを噛みしめるような内省的な詩が多いんです。誰かに対して、強い感情を、強い語感で言い放つような言葉遣いをした詩は、ないわけじゃないけど珍しい。

横田さん、マハラバ村の体験記では、他人からジロジロと見られる視線の痛みについて書いているんですけど[*16]、ここではむしろ、街行く人に、自分を見ることを要求しています。「歩ける」ということが、「歩ける」ことが当たり前だとする無自覚な傲慢さが、「歩けない人」を抑圧している。そんな傲慢さを告発しているけど、でも、俺を見ろ！　というかたちで、つながりも求めている。詩集には収録されていませんが、横田さんの運動理念を知るためには、とても大切な詩です。

参考写真：詩の朗読シーン（©疾走プロダクション、1972年）

16 視線の痛みについて書いている：前掲『ころび草』のなかに、はじめてマハラバ村へ行った日の思い出として、次のような記述がある。
「汽車の出発までにはまだ二時間以上もあった。それに、川崎から直接上野駅にくる小山氏も待たなければならない。私はいつまでも和尚さんの背中に摑まっ

■「対等なケンカ」だったのか？

荒井　横田さんたちと、はじめて会われたときの印象をお聞かせください。あるいは、青い芝の思想についての印象など。ぼくは青い芝の主義・主張を学びはじめたときは、ものすごく違和感があって、「彼らの主張に違和感を覚える自分ってなんなんだろう？」と考えるところからはじまりました。

原　それまでに脳性マヒの人に会っているので、違和感というのはなかったです。私はその頃、もう写真をやめて活動家になろうかと割と本気で思っていたので、横田・横塚に会ったときも特に違和感というようなことはなかったです。それより、一人ひとり訪ねていくと「面白いなあ」と思うことのほうが多かったので、これは写真なんか撮っているよりも活動家になっていろいろやったほうが面白いのちゃうかという感じでしたね。

それよりね、あの頃は私、本当に貧乏だったんですよ。まだ牛乳配達をしていた頃で、新宿で朝、牛乳配達をやって、飯食って、それからマハラバ村に出かけて行くんです。本当にお金がないので、昼になると、さあどうしようかなって。マハラバ村の近くに店なんてないですね。腹減ったなあと思っていると、横塚さんがね、「うちに来なよ、原君」と言って、六畳くらいの広さの部屋に連れて行ってくれて。「昼飯食っていきなよ」って、ご飯とアジの干物とたくあんと味噌汁一杯だけ。非常に質素な内容ですけど、それが嬉しくてね。そういうふうに食事に呼んでくれたのは横塚さん夫婦だけでした。そういう優しいところがね、もう胸にしみてね。

そういうことばっかりです。違和感どころか、なにか非常にね、気持ちのなかで付き合いのあるのはこの人たちだけだっていう、そのくらいの感じでしたもの。

ているわけにはいかなかった。手近に落ちている新聞紙を二・三枚集めて、私は坐らされた。／コンクリートの冷たさが膝から全身に染みとおっていく。今まで味わったことのない冷たさだった。／人々の視が、私を射る。／重度者としての己を、私は、その時初めて視た。」（二六頁）

荒井　この映画、横田さんの奥様・淑子さんから、猛烈に撮影に反対されたようですね。そのこともあって、横田さんも撮影の継続を諦めようとしています。

原　半年かけて横田さんを口説いて、やっとその気になってくれて「さあ撮影」という初日にカメラを持って行くと、戸を開けた途端に、奥さんが子どもを連れて「出て行きます」と出て行って。慌ててスイッチを入れて、それで映画の冒頭に意味不明なワンカットが入っているんです。撮影をはじめてから割と早いうちに、横田さんから「原君、もう映画をやめるから」と言われて、びっくり仰天して。「なんでだよ！」とこっちも頭にきて、他の青い芝の連中に「みんな行こう、行こう」と言って横田さんの家に押しかけるんです。あの場面（シーン一七「横田家でのけんか」）は、最初から横田さんにケンカを売りに行ったようなものです。ケンカしながらカメラ回しているわけですね。

そこでも途中で淑子さんが出てきて。最初は私と淑子さんが敵対しているんですが、途中で淑子さんはこの人（小林佐智子氏）の頭をぽかーんと叩いて、「あんた、女でしょ」とか言われて。『さようならＣＰ』を撮っているときは、フェミニズム的な点には触れていません。「女性解放」という視点は、あの映画をつくっているときにはなかったです、本当に。まったくなかったと思いますね。

後から思うと、あの映画のなかに出てくる「性体験を語る」という場面も、みんな男ばかりですものね。男中心のシーンばっかりつくっていった。「女性解放という視点がないですね」と批判されれば、まったくその通りなんです。

荒井　ＤＶＤ版『さようならＣＰ』（二〇一五年）に収録された原監督と荻上チキさん（評論家）との対談を拝見しました。「もう撮影をやめる」と言い出した横田さんに対して、「世直しを標榜するあんたたちが、そういうひ弱い面を見せてどうするんだよって。そういう弱いところは遠慮なく突くからねっていう感じだったんですよね。でも、その弱さが魅力だったりするからね、一概には言えないんですが」と監督はおっしゃっています。横田さんの「弱さ」って、どんなところで感じられて、どのへんが魅力的だと思われますか？

原　それは、実はかなり抑えた言い方です。私は横田さんに対して、もっと過激にやってくれという要求をもっていましたからね。「横田さんダメだよ、こんなレベルで日和っていたら」と。あまり外では言いませんけどね、実はちょっと不満に思っていました。

横田さんが、だんだん思想的に強くなっていったのは、あの映画があったせいだろうという気持ちが、はっきり言って私のなかでありますもの。映画ができあがって、一番最初に東大駒場の『公害原論』という自主講座に呼ばれたときに、私も横田も横塚も青い芝の連中も行っていたでしょ。それで映画が終わって私が監督だと紹介されて、学生の連中から私への追及がはじまったんです。なんてひどいことをするんだという話で。それでわんわんわん言われて、返す言葉がないくらいに、次から次に追及があった。それで一時間くらい経ったところで、やおら横田さんが学生たちに対して「あんたたちが間違っている」と言うもんだから、学生はぎょっとしたわけですよね。「この映画は、原君が私に対していろいろやらせたというふうに、あなたたちは言っているが、この映画は原君と私が対等にケンカしてつくり上げたんだ」というようなことを言うわけですよね。その一言で会場の雰囲気ががらっと変わったんですよ。

頭のいい学生たちなんで、その一言を聞いて本質を理解するというようなことで、それはそれでいいんですけど、私に言わせればね、「なにが『対等にケンカした』だよ」という気持ちは残っています。あの頃は、まだまだ私だって一生懸命インプットしたことを、自分なりに障害者のために組み直して、横田たちに偉そうなことを言っていた。それはそうですよ。でも、横田たちが心底それを理解してやったわけじゃないという実感があるんですよ。

だから、いろいろ映画のなかでやりました。いろいろなことがありました。あれは半年間なんですよね、一回目の撮影から。二回目に、横田から「もうダメだ」と言われて、これは本当にダメだと私が諦めるまで半年間なんですけど。映画ができて、いろんなところで上映されて、横田さんが呼ばれて、その映画以後の理論化する過程でね、横田さんが映画という現場で体験したことを思想的に理論化していくわけじゃないですか。そういう作業があってはじめて、横田さんは脳性マヒという身体のもつ価値という視点を獲得していく。だから、横田弘が本物になっていくというのは映画以降という感じがしています。

たいていの人間が体験を思想化するにはそういうプロセスを経るので、それ自体は別に否定的に言いたいわけじゃないですけど、横田さんが本物になっていくのは、あの映画という試練があったればこそ、というような感じが私にはあります。

小林　映画をつくるのって、本当にお金がかかるでしょ。『さようならＣＰ』のときも、お金がないから集めてくるんですけど、それを回収しなきゃいけない。だから目玉っていうか、これだったらこの映画を観てもらえるんだという確信がなければつくろうと思わないですよね。武田美由紀さんのときは「自力出産」だと聞いていたから、あの頃はそんな写真はなかったから、それが撮れたらなんとかなると。

横田さんのときは、横田さんが「自分を奪われてはいけない」って言っていて、でも観念的なことではなくて、自分の身体が醜い、電車のなかでも空気が凍るんだけど、若い人がいっぱいいるところで裸になって、とにかく自分の裸をさらしたいと。私、それを聞いたときに「これが撮れたら映画の核になるな」と思ったんですよ。

横田さんも、奥崎健三さん（『ゆきゆきて、神軍』疾走プロダクション、一九八七年公開）ほどではないんですけど、あれもやりたい、これもやりたいというのがいっぱいあって。もちろん、映画を撮るのは私たちが説得はしたんですけど、横田さんのほうも、あれもしたい、これもしたいというのが、いっぱいあったんですね。詩の朗読をやりたいとか。だから、こちらが「横田さんの嫌がっていることをやった」というんじゃなくて、話し合って、「じゃあ、それやろうよ」という感じで撮っていたんです。

荒井　横田さんは、あまり家から出られていない時期なんですよね。外に出られること自体が楽しかったんだと思います。

小林　そうですよね。

■「生活者」対「表現者」

荒井　横田弘さんとも映画の話をしたことはありますが、あまりお話しされたくないご様子でした。奥様にご迷惑をかけたという話をうかがったくらいです。特に、横田さんのご自宅で奥様の淑子さんが撮影隊に激高される場面については、「申し訳ないことした」とおっしゃっていました。横田さんの評伝を書くために淑子さんにもお話をうかがいましたが、映画のことは聞けませんでした。

原　嫌がるでしょう、それはわかります。

荒井　映画だとわかりにくいんですけど、あの場面で淑子さん、怒りのあまり唇を噛み切って血が出ているんですよね。ご長男の横田覚さんも、当時のことをよく覚えていらっしゃいました。

小林　覚さん、映画のなかでも「母さん、血」って言ってる。

荒井　横田家の事情から言うと、やっと横浜市磯子区の県営住宅にたどり着いて、ようやく生活が落ち着いた頃なんですよね。マハラバ村にたどり着くまでに、横田さんは横田さんで身内と深刻な葛藤を抱えていた。おそらく、奥様も奥様で、実家との間には難しいものを抱えていらっしゃったはずです。そもそもマハラバ村に集まった脳性マヒ者たちは、多かれ少なかれ家族との問題を抱えていたわけで、だから、ああいった場に活路を見出した。その二人がマハラバ村の共同生活で出会い、結婚し、そこから逃げるように出て、横田さんの地元に戻ってきた。

その後、お二人は横田さんの実家で生活されるんですよね。実家の母屋を貸し出して、四畳半の小さい部屋で新生活をはじめた。その後、磯子区の県営住宅の一階六号室のあの部屋にたどり着いた。お二人が出会ったのが一九六五年六月で、県営住宅に入居したのが一九七〇年四月です。五年もかかって、奥様としては、これからようやく自分たちの生活がはじめられるとなったときに、横田さんが「行動綱領」を書いたり、映画の撮影が入ってきたりした。いろんな思いが降り積もっていたんだと思います。

先ほど監督が、あの映画にはフェミニズムとか女性解放という視点はなかったとおっしゃっていましたが、障害者運動の内部でも「女性の声」というのは少なかったように思います。やっぱり青い芝の会も男性が主体の運動体でしたし。

淑子さんも所属されたＣＰ女の会という団体が『おんなとして、ＣＰとして』（ＣＰ女の会編、一九九四年）という本を出しています。「妻」「母」という立場から青い芝の運動を捉えた本で、このなかに「男たちは、障害者運動に夢とロマンをかけ、女たちは、日々の生活をかけた」といったフレーズが出てきます（内田みどり「私と『ＣＰ女の会』と箱根のお山」一一〇頁）。これ、当時の青い芝の女性たちが経験していた引き裂かれ感みたいなものを、すごく象徴的に言い表していると思うんです。夫たちが街でビラを撒いたり座り込みをしている一方で、妻たちは家で子どもの世話に追われていたんですよね。女性たちも運動に参加したいけれど、家には幼い子がいる。その子は地域の人たちと同じ学校に通い、地元の友達ができる。障害者運動の仲間や支援者とも付き合わなければならないし、ご近所とも付き合わなければいけない。障害者差別は往々にして近所で起きるので、そういった価値観を変えていきたいけど、でも一定の世間体はキープしなければならない。世間体を気にしながら世間体という価値観と闘うといったあたりに、当時の女性たちの難しさがあったように思います。そういった難しさを淑子さんは一身に引き受けて、横田さんの家を切り盛りしていた。そういったかたちで引き裂かれた女性の生身の姿が、あの場面に映し出されたんじゃないか。監督のご意図とは違うかもしれませんが、私はあの場面のことをそのように受け止めています。

原　そうですか。ただ私のなかでは、やっぱりマハラバ村崩壊の出来事がとても大きいんですよ。大仏さんが「錦の御旗ならぬ、おしめの御旗」*17と言っていたんですけど、インパクトされた量としてはそちらのほうが大きい。つまり、「この人のエネルギーでマハラバ村を壊しちゃった」というふうに思い込んでいるものですから、淑子さんに対してはどうしてもそういう目で見てしまう。横田さんの家に行っても、淑子さんと会話をしようという発想すらなかったんですね。そもそもマハラバ村がもっている意味というのは、まさしく革命の拠点だったわけで、「あんたたちは、そこで大仏さんに救われて、もう一度生き直しの機会を得た。あんたたちは目覚めたんでしょ」という気持ちがあるんですよ。

『さようならＣＰ』の重要なテーマなんですけど、横田弘さんと淑子さんの「夫婦」と

17 「錦の御旗ならぬ、おしめの御旗」：一九六七年、マハラバ村では横田夫妻を含む三組の夫婦に子どもが誕生した。その頃から「夫婦者」「子持ち」の住人と、独身の住人たちとの間に軋轢が生じはじめていた。大仏和尚は、子どものいる夫婦たちが「『子ども』を通して自分たちのわがままをマハラバ村の内部に認めさせようとする」ことを、「おしめの御旗」と評してとても嫌っていたという（前出『ころび草』二一一頁）。

いう関係ですよね。「夫婦」のなかに障害の「重い・軽い」という関係性があるでしょ。障害が軽い人が重い人の面倒を見ますよね。軽いのはだいたい女の人です。つまり、夫婦という関係のなかにも権力関係があるんだという話を、先ほど話した磯部さんからずいぶん教えられましたね。だから、どうしても夫婦間の障害の「重い・軽い」といった権力関係という視点が抜き切れなくあって、淑子さんに対しても同情的な見方ができないですよね。

ましてや、その問題はいまも引きずっていて、私たちの新作『ニッポン国VS泉南石綿村』(二〇一七年公開)は、アスベストで家族、おじいちゃんやおばあちゃんが苦しみながら死んだと。あるいは、自分の連れ合いが死んだというような事情があるんですよね。それに対して「なんであんたたちはもっと怒らないの」というのを、もろに私が映画のなかでぶつけるという構成になっているんです。

これは私の映画論になってくるんですが、「生活者」対「表現者」という図式が私のなかにあるんです。自分と自分の家族の幸せのために生きるのが「生活者」。それに対して、もっと多くの他人のため、もっと苦しんでいる人のために、自分の生き方をそっちのほうへもっていこうという生き方が「表現者」。それで、どうしても私は「生活者」というのが嫌いだと。

二〇代の頃、私は絶対に「生活者」を描くまいと決めて映画をつくり出した。自分も絶対に「生活者」だという言い方はしない。だから、いままでの私たちの映画は「生活者」を撮っていない。私に言わせれば、青い芝の男たち、横田たちはまだ「表現者」というところをもっていると。ところが青い芝の奥さんたちは、まったく「表現者」というようなことを、こちらが認めるような感じでは誰ももっていなかったという感じがあるんですよね。全部「普通の奥さん」「普通の家族」「家族の幸せ」。まさしく「生活者」という感じがしていると。

「生活者」ということを、そんなに嫌う理由も本当はない。それはそれでいいやという考え方もある。そういうふうなものを否定する必要はないし、否定する権利はないと、頭のなかでは思うんですけれども、世の中の人たちみんなが「生活者」という価値観を選んでいると、世の中はどんどん、どんどん、安倍晋三みたいなのが出てきたときに、どうしようもないじゃないかという思いがあるんですよ。

それは、このアスベストの映画をつくるときも同じです。なんと言うんでしょうか、私の「『生活者』憎し」という感覚がいまだに残っているんですよね。「『生活者』って、一体なんだ?」という問いかけが、実は今度の映画のメインのテーマになっているんですよね。

個人的には良い人ですよね、アスベスト被害者の人たちは。みんな良い人なんだけど、やっぱり、これでいいのかなという思いだけは抜け切れないんですよね。みんなが「生活者」というのを選んでいるからこそ、いま、世の中はどんどんおかしくなって、その動きを誰が止めるんだというような喫緊の状態になっているのと違うかなと。だから、『さようならCP』は一貫して私のなかで生き続けているんですよね。

荒井　横田弘は「生活者」ですか？　「表現者」ですか？

原　だから、横田さんはあの通り、とっても人が良いので。それと横田さんは、淑子さんのことを愛していらっしゃったという言い方をすればね、全然愛してなんかいないよと言いたいつもりじゃありません。だけど、さっきの話のように、夫婦の間でも権力関係が生じるということをリアルに当てはめればですよ、横田さんも奥さんがいなくなったら困るんだよね。なんとしてでも、奥さんを留めていなければ、自分の生活ができなくなるというような冷めた目が、抜きがたく私のなかにあります。

荒井　神奈川県連合会って、青い芝のなかで唯一「婦人部」があるんです。それは女性が強かったのではなく、むしろ女性が弱かったからだそうです。

原　でしょうね。やっぱり青い芝の、特に神奈川の連中は「男意識」が強いわけでしょ。「男意識」が強いままで生きられたというのは、女の人がそれを受け入れて、うちの夫が外に出て行くというのをむしろ良しとしていて、自分は家のなかにいて、家を守るという意識があったんだと思います。男女の権力関係は、こっち側があるから、あっち側が成り立つという関係なんで。それで横田さんたちのグループは、わりと外に出る機会が多かったんですね。

荒井　横田さんのお通夜のとき、横田さんの宗派（日蓮宗系の本門仏立宗）のお式が終わった後、違う宗派の僧侶が一人入ってきて、お経をあげたんです。大仏和尚の息子さんでした。

原　そうですか。マハラバ村にいる時代から、思想的には横田さんが突出したリーダーだったんでしょう。大仏さんからしても、自分と思想的に対等に話せるのは横田さんしかいないという感じがしていたんじゃないでしょうか。

荒井　話に聞く大仏和尚は「豪快」「奔放」というイメージですが、横田さんは「繊細」な方だったと思います。いろいろと気を遣う方です。横田弘というと「怒りの人」というイメージで捉えられることが多いし、私もそう思っていましたけど、もともとのパーソナリティからすると「怒る」というのは得意じゃない人だったんじゃないか、と思います。

原　私、横田さんが怒った場面って見たことないですよ。『さようならＣＰ』のなかで、私らがケンカを売って、そのなかで漆原（功司）さんに「また金のことを言うようだけど」

なんて言われて、プライドが傷ついて横田さんが怒りますけど、あれだけじゃないかな、横田さんが怒ったのを見たのは。怒った横田さん、あまり迫力あるようには思わない。あんまり怒るようなキャラクターじゃないですものね。

荒井 ただ障害者運動のイメージだと、横田弘というと「怒りの人」という感じです。

原 そう思えないですよ。全然違います。温厚な方なんですよ、横田さんは。

荒井 その温厚な方が、あそこまで激しい運動をしたというのが驚きです。優生保護法改悪反対闘争（第一話＊11参照）にせよ、川崎バス闘争（第一話一七頁参照）にせよ、養護学校義務化阻止闘争（第二話＊10）にせよ、どうしてあそこまで激しく闘ったのかというのが、ずっと疑問でした。

青い芝に限らず、日本の障害者運動って息が長いんですよね。全共闘と比べても、横田さんが何年運動を継続したかを考えると、これは驚異的な長さだと思います。その長さの理由を、尾上浩二さん（ＤＰＩ日本会議）がおっしゃるには、「高邁な思想とか崇高な理念で闘ったわけではないから」だと（第二話参照）。バス闘争をやったときも、「アクセス権を保障しろ」と主張したわけじゃないんですよね。バスに乗れないと街に行けないし、会いたい人に会えない。買い物にも行けない。なんでそんな当たり前のことを禁止されなきゃいけないのか、と。そういう平凡で日常的な動機が根底にあったから長続きしたと言うんですね。

原監督が、「横田さんの『弱さ』」とご指摘された部分。私は、むしろあれがあったから横田弘はしぶとかったんじゃないかと思っています。私が結婚して妻を紹介しに横田さんのところに行ったとき、「荒井君、奥さんを大事にしなさい。ずっと一緒にいるんだから」とおっしゃって、これには驚きました。「伝説の障害者運動家」なんて言われた横田弘が、なんて「普通」のことをおっしゃるのかと。「普通」で「平凡」なおじいさんでした。

横田さんたちが闘ってまで守ろうとしたものはなんだったのかを考えると、やっぱり、映画のあの場面で激怒している淑子さんが力強く見えます。語弊はあるかもしれませんが、私には、あの怒りが魅力的に見えます。先ほど、「男たちは、障害者運動に夢とロマンをかけ、女たちは、日々の生活をかけた」という言葉を紹介しましたけど、「日々の生活」を守ることの難しさを知る人の怒りだと思います。

横田弘にも「生活者」と「表現者」の両方あって、その葛藤や引き裂かれる痛みが、運動のエネルギーになったんじゃないかと思っていて、「生活者」としての側面を切り捨てられずに引きずってしまう横田さんが、私には魅力的にも思えるのですが。

原　そうですか。それはまあ、人それぞれなんで、私があぁだこうだ言う筋合いじゃないんですけど。横田さんも、奥さんを愛していらしたということと、せっかく作った家族は、やっぱり横田さんにとっても大切だったんだろうって、頭ではそう思います。でも一方で、なんて言うんですかね、『ゆきゆきて、神軍』の奥崎謙三的なイメージが私のなかに抜きがたくあるんですよ。やっぱり、誰かが過激に突出してくれないと。突出してこそ、周りがそれについていくかたちで運動というのが進むと。そうすることで世の中が変わるかもしれないというイメージが、どうしても私のなかにあるもので、それを横田さんになんとなく求めていたところがあるんですが。それにしては、簡単に奥さんの圧力に負けてしまって、「なんだよ」という思いが、いまでもそういう感じがあります、私のなかに。それはやっぱり、現在のアスベストの問題につながってる。「自分の生活」「家族の幸せ」という観点が、どうも私はダメですね。いまだにダメだ。

荒井　神奈川県連合会のなかで、一番、家庭にほだされるタイプが横田さんですね。

原　でしょうね。

荒井　一番、家庭的な人だったと思います。

原　そうかもしれませんね。横塚さんもね。横田・横塚の二人は、人間的にも優しいし、頭もいいしね。横田さんが家庭を大切にする。それは個人の自由で、別に文句をつける筋合いはないんですけど、奥崎謙三が映画のなかで、結婚式の冒頭に「国家と同じように、家庭もまた敵なんです」と言うんです。その言葉ですよね。結局「家庭を守る」ということが「国を守る」ということにつながるという、あの考え方のほうが私のなかでは強いんです。そういうふうに思うのが、まさに七〇年代という世代の特徴かもしれませんけど。でも、家庭もまた壊さなければいけない敵の一つだという考えのほうが、私には近いですよね。

私は『さようならCP』の続編ということをちょっと考えたことがあるんですよ。それは子どもたち。横田さんのところも、横塚さんのところも、小山（正義）さんのところも、みんな子どもをつくるでしょ。一体、彼らの子どもって、親をどう見ているんだろうということで、映画をつくりたいなと思ったんですけどね。思っただけで、実際には果たせていないんですけど。

島野（疾走プロ・スタッフ）　監督、この前のトークイベントで「自分の作品のなかで一番幸せなのはCPの人たちだ」って言ってたじゃないですか。自分の作品の主役の人たちは、みんな可哀想な思いを最終的にはしているけど、CPの人たちは……。

原　映画があったせいで、有名になって、崇められていくというパターンをたどったのは、横田弘だけじゃないかな。奥崎さんは、売れないからということで恨みを残して死んでいった。そうですね。客観的に見たら、そういうことになるかもしれない。

はら・かずお……一九四五年、山口県宇部市生まれ。東京綜合写真専門学校中退後、養護学校の介助職員を勤めながら、写真展「ばかにすンな」を開催。七二年、小林佐智子とともに疾走プロダクションを設立。同年、ドキュメンタリー映画『さようならCP』で監督デビュー。七四年、元妻・武田美由紀の自力出産を記録した『極私的エロス・恋歌1974』を発表。八七年、元日本兵・奥崎謙三が上官の戦争責任を過激に追究する『ゆきゆきて、神軍』を発表。日本映画監督協会新人賞、ベルリン映画祭カリガリ賞、パリ国際ドキュメンタリー映画祭グランプリなどを受賞。九四年、小説家・井上光晴の虚実に迫る『全身小説家』を発表。二〇〇五年、ひとりの人生を四人の女優が演じる初の劇映画『またの日の知華』を発表。一七年に『ニッポン国VS泉南石綿村』を発表。後進の育成にも力を注ぎ、これまで日本映画学校（現・日本映画大学）、早稲田大学、大阪芸術大学などで教鞭を取ったほか、映画を学ぶ自らの私塾「CINEMA塾」を不定期に開催している。

こばやし・さちこ……一九四六年、新潟県新潟市生まれ。新潟大学人文学部仏文学科卒業。七二年原一男とともに疾走プロダクションを設立、プロデューサーとして『さようならCP』『極私的エロス・恋歌1974』『ゆきゆきて、神軍』『全身小説家』を製作。二〇〇四年には劇映画『またの日の知華』を脚本・製作。他にTVドキュメンタリー『追跡731部隊』（一九九二年、演出）『映画監督浦山桐郎の肖像』（一九九八年、構成）『花のいろは　歌舞伎役者・片岡仁左衛門』（二〇〇三年、構成）。ビデオ作品『学問と情熱　高群逸枝』（二〇〇二年、脚本）『旅するわっぱ――イタリア社会的協同組合を探ねて1・2』（二〇〇三年、演出）などを手がける。二〇一一年より大阪芸術大学映像学科客員教授。

収録日：二〇一七年八月二一日

第五話

「ポスト相模原事件」を生きる

対談者・中島岳志

横田弘さんが「行動綱領」のなかで否定した「愛と正義」とは一体なんだったのか。政治学者・中島岳志さんと昨今の政治情勢や社会状況を踏まえつつ、紐解いていきます。相模原事件の犯人が抱いた殺意や、日本国憲法にまで「愛と正義」が及んだとき――つまり、巨大な刃が自分に向けられ、差別されたとき――私たちはどう闘うか。いまの世の中を生き抜く術を横田弘さんの哲学から学びます。

中島　こんにちは。お足元の悪いなか、しかも平日の昼間にこれほどたくさんのみなさんにお越しいただきまして大変感謝をしております。なんでこんな平日の昼間になったかと言いますと、私も荒井さんも子どもが小さくて保育園のお迎えに行かなくてはいけないものですから（笑）。本当は週末とか夕方にこういうものはやるものなのですけれど、みなさんもお仕事とかいろいろなところでご都合をあわせて来てくださったのではないかと思います。篤く御礼を申し上げます。ということで、荒井さん、今日はよろしくお願いいたします。

荒井　よろしくお願いします。みなさん、こうして平日の昼間にお集まりくださり、本当にありがとうございます。時間も限られていますので、早速本日のテーマに移らせていただきます。

中島　はい、そうですね。荒井さんが現代書館から『差別されてる自覚はあるか――横田弘と青い芝の会「行動綱領」』というご本を出版されました。この本の帯に推薦文[*1]を書かせていただいたご縁で、この本をめぐって様々なお話、例えば相模原の事件[*2]をどういうふうに考えるかというのはこの本の内容と直結している問題でありますし、私にとっては、いま（二〇一七年四月）起きている「安倍昭恵問題」というのも、この問題の延長上にあ

1　帯に推薦文：「絶望することにも絶望した時、希望の世界が開かれる。『健全者』たちの無自覚な差別を告発し続けた横田弘。彼が紡ぎだした鋭利なことばの先には、憎悪を超えた『いのちの環』

る非常に重要な問題だと考えています。そういった昨今の政治問題、社会問題プラス、そこに対して横田さん、あるいは青い芝の会、その「綱領」というのが、どういうような意味を投げかけているのかという根本的なところ、そのあたりを荒井さんとともにお話をしていければと思っております。

いろんな方が今日来ていただいていると思います、横田さんについて、あるいは青い芝の会についてお詳しい方から、それはいったい誰なんだ、どういう会なんだという方まで幅広くいらっしゃると思いますので、まず最初に荒井さんに、この本の概要と横田さんや青い芝の会について少しお話をしていただいてから、話を進めていきたいと思います。よろしくお願いします。

■障害者運動の「思想」をどう継承するか

荒井　この本を書いてから「横田さんってどんな人でしたか?」と、たびたび訊かれます。お答えするのが難しいのですが、強いて言うなら「日本の障害者運動のなかで、いちばん頑固だった人」かもしれません。それくらい「主張がぶれない」というか、「問題を根っこの部分から考える」ような人だったと思います。

いま、中島先生から名前を出していただいた青い芝の会[*3]というのは、一九五七年に結成された脳性マヒ者たちの団体です。「青い芝」という名前には、踏まれても踏まれても元気に青く伸びていこうという思いが込められていて、もともとは孤独になりがちな脳性マヒ者たちが集まって、互いに支え合っていくことを目的とした親睦団体でした。その団体が、一九七〇年前後に、横田弘さんたちが運動の前面に出てきたあたりから、全国各地に

が見据えられていた。ポスト相模原事件の必読書。」

2　相模原の事件：第三話＊1を参照。

3　青い芝の会：第一話＊1を参照。

支部ができていって、特に七〇～八〇年代を中心に障害者差別を厳しく糾弾する反差別運動を繰り広げました。主義主張がラディカルでしたし、街宣や座り込みもよくやっていたので、「話の通じない過激派」なんて見られていたこともありました。

でも、二〇〇〇年前後くらいからでしょうか、学者たちのなかでも青い芝の会の運動を再検討する人が増えてきたように思います。というのも、ここ最近社会で話題になっている事柄をさかのぼっていくと、青い芝の会が訴えていたことに通じる点が多いんですね。車椅子でも公共の交通機関や施設が使えるようにとか、障害があっても街中で暮らすとか、障害の有無で子どもを分けることなく教育する（インクルーシブ教育）とか、障害があることそれ自体が不幸なのではないとか、そういった主張の水脈をたどっていくと、どうしても青い芝の会の存在が無視できないんです。

横田弘さんは、そんな青い芝の会の神奈川県連合会で長らく代表を務めていた方です。青い芝の会は支部制度をとっているので各地に支部があるんですけど、神奈川県連合会というのは象徴的な支部とでもいうのでしょうか、七〇年代の障害者運動の火付け役のような役割をしたんです。その支部で、横田さんが青い芝の会「行動綱領」[*4]と言われるマニフェストを書きました。

われらかく行動する
一、われらは自らがCP者であることを自覚する
一、われらは強烈な自己主張を行なう
一、われらは愛と正義を否定する
一、われらは問題解決の路を選ばない

4　青い芝の会「行動綱領」：全文については、第二話＊2を参照。

当時、障害者問題に関わった人には、例えば三項目の「われらは愛と正義を否定する」というフレーズは強く深く心に残っているのではないでしょうか。もちろん、良い印象ばかりでなく、悪い印象をもった人も多かったはずです。この「行動綱領」を起草したのが横田弘さんでした。横田さんが起草した「綱領」を軸にして、その後の青い芝の会の運動が進んでいくことになります。

この「行動綱領」は、一部の業界ではとても有名なんですけど、意外に細かいことは調べられていないんですね。人は「すでに知っているもの」を詳しく調べないんです。誰が、どこで、どういうふうに書いたのか。それがどんなふうに受け止められて、どんなかたちで受け継がれていったのか。「行動綱領」に関しても、そうしたことが調べられていないし、もともとの経緯が忘れられていたりする。そのあたりのことを調べて書き残しておいてくれ、と横田さんご本人から言われて、私が書くことになりました。

どうやら横田さんは、自分たちのやってきたことが次の世代に伝わっていかない危機感をもっていたようです。それで「自分たちがやってきたことを、わかりやすくまとめておいてくれないか」といった趣旨の依頼を受けたんです。

そのとき、ぼくはびっくりしました。「わかりやすく」ということに驚いたんです。というのも、横田弘さんって、運動のなかで「わかりやすさ」を求めたことがないんですよね。物事って、わかりやすくすると単純化されて、削げ落ちるものがあります。大事なことが落ちて、場合によっては短絡的な考え方になります。そのことの怖さを横田さんは知っている方なんです。だから、横田さんから「わかりやすく」と言われたときに驚きました。

でも、横田さんの危機感というのは、ぼくにもわかる気がしました。というのは、戦後日本の障害者運動は、本当に貴重な「思想」を育んできたと思うんですけど、どうやら、それが受け継がれていかない。というのも、障害者運動の業界って、みなさん超忙しいんですよね。役所や企業に行って交渉したり、ミーティングを重ねたり、情報発信したり、ボランティア集めたり、資金を集めたり、そういったことを全部自分たちでやっている。資金もマンパワーも足りません。意気込みは熱いけれど、懐は寒いんです。

日々の生活、日々の運動のなかで、「障害者差別と闘う思想」が練り上げられていくんだけれど、そうした「思想」を広く一般の人たちに伝えるような活動が、日々の忙しさのせいで後回しになってしまう。本来なら、自分たちの運動が積み上げた「思想」を一般にも広めるような「ストーリーテラー（語り部）」がいるべきなのですが、日本の障害者運動は、そうした存在を出すことができなかったんじゃないか。

おそらく、横田さんも、そうした危機感をおもちだったんじゃないか。だから、ぼくのような者に、こうした本を書けという注文をされたんだろうな、と思っています。

■「殺意」の底にはなにがあるのか

中島　横田さんたちの運動の非常に重要な部分には、障害児を殺した母の問題[*5]というのがありました。自分の子どもが障害をもって生まれた。その子どもを殺めたお母さんがいる。そういう事件が起きたときに、地域社会のなかからそのお母さんに対する減刑の嘆願運動、刑を軽くしてあげてほしいという運動が起きるんですね。お母さんも大変だった。いろんなかたちで思いつめた母に対する同情というのが湧きあがり、そして、そういうお母さんの罪を減刑してほしいという運動が起きたとき、これに猛烈に嚙みついたのが、横田さん

*5　障害児を殺した母の問題：第三話＊10を参照。

たちだったんですね。それは、許されていいのか。その優しさのようなものが、私たちに対する障害児に対する究極の暴力になってはいまいかと。

こういう優しさのなかに秘められたある種の殺意――荒井さんの言葉で言うと、「障害児を手にかけた瞬間の殺意」――から目をそむけてはいけない。そういう問題を含んでいて、横田さんは非常に厳しい言葉を社会に投げかける。これが横田さんたちの運動の大きなポイントであったと思います。

ここにおそらく相模原事件の問題というのは、通底している部分があると思うんですね。そのあたりからお話をスタートしていきたいと思うのですが。荒井さん、相模原の事件は執筆の過程で起きた事件だと思うのですけれど。

荒井　はい。この本を書いているときに事件が起きまして、内容に含めるか含めないかで悩みました。結果的には入れませんでした。まだまだわからないことも多いし、考えなければならないことが多すぎると思ったんです。

植松容疑者がもつ価値観を「優生思想」という言葉で批判する論調があります。「優生思想」というのは、平たく言えば「健康な人間こそ善であり、障害者や病者は劣った悪しき存在であるとして排除・抹殺する価値観」なのですが、この言葉で彼のことを批判しても、それだけではなにかが足りないように思うんです。

というのは、まず「言葉の出所」の問題があります。障害者差別に反対する文脈のなかに「優生思想」という言葉をもち込んで、それと闘うことを最初に明確に掲げたのも横田弘さんたちでした。横田さんたちが運動をはじめた当時は、「障害者はいないほうがいい」という価値観は当たり前に流通していて、それに対して「障害者はいないほうがいいという価値観自体が差別なんだ」と声をあげたのが横田さんたちだったわけです。

だとすると、植松容疑者的な価値観を「優生思想」という言葉で批判するのは、横田さんたちが運動をはじめた約半世紀前から「障害者差別と闘う言葉」がバージョンアップされてない、ということになってしまうのではないか。もちろん、それだけ「優生思想」が根深い問題だということでもあるので、「優生思想という言葉は古いから使うな」ということでもないですし、そもそも障害者差別と闘う言葉をバージョンアップすべきは誰なのかという問題もあります。約半世紀前に障害者運動側から投げかけられた問題を、この社会は真摯に受け止め、発展させてきたのでしょうか。

それから、「個別性」の問題もあります。私は、この事件を報道で知って、まず、植松容疑者が「顔と名前が一致する人」を刺したのかどうかがすごく気になったんです。

差別や排除って、人間の具体性とか個別性を消してしまいますよね。差別や排除という暴力は、「障害のある○○さん」というかたちで具体的な個人を見るのではなく、とにかく「障害者」というカテゴリーでくくってしまって、個々人の具体的な顔が見えなくなったときに露骨に発動してしまうんだろうと思っています。「優生思想」というのも、人びとをカテゴライズする価値観です。「○○人種」「○○障害者」「○○病者」といったかたちでくくって、個別性を奪います。だから、ぼくも「個別な顔を思い浮かべられるようなつながりをもつこと」が、そうした暴力への最大の防波堤になるんだろうと思っていたし、機会があれば、学生たちにもそのように伝えていました。

でも、植松容疑者は、もともとあの施設の職員なんですよね。ということは、毎日のように入居者たちと接していたわけです。個別具体的な名前や顔や声をもつ人たちと接するなかから、あのような憎悪をふくらませていったということになる。顔と名前が一致する人たちのことを刺したのかもしれない[*6]。日々、顔の見える相手と接していても、それでも「障

6　荒井による追記①：この発言箇所に

害者」というカテゴリーのほうが優位に立ち、そちらへの憎悪と殺意をふくらませていったわけです。[7]

さっき中島先生がご紹介くださった障害児を殺めた母親の話ですが、横田さんたちが社会運動をはじめるきっかけになった事件なんですけど、このとき、横田さんがなんと言っているか。障害者殺しは、諸々の社会的な要因だけでなく、親のなかにもある「黝《あおぐろ》い炎群《ほむら》」を見つめろと言っています。[8] これは、障害児を殺めてしまった親も、追い詰められていたとはいえ、子どもに手をかけたその瞬間には殺意があっただろうということだと思います。「炎群」というのは、横田さんの用語では障害者への殺意のことです。横田さんの言葉にならうなら、植松のことも、彼の殺意の底になにがあったのかを見つめなければいけません。一九人殺害で二七人負傷です。あそこまで人間を刺し続けられた殺意の底になにがあったのか。彼が時間的にも熱量的にも、あれだけの殺意を維持してしまった理由はなんだったのかを考えなければなりません。

中島　荒井さんがおっしゃってくださった重要なポイントは、私のこれまでの研究ともつながります。私はインド研究をやってきたのですけれども、特にインドの民族、宗教対立の問題などを研究してきたのですが、ここと重なるんです。どういうことかと言いますと、これまでこういう大量の殺人、殺害とかというのは、抽象的な他者に向けられるということがよく言われてきました。つまり、具体的な誰それさんではなくて、荒井さんがおっしゃってくださったように、障害者というカテゴリーであったり、あるいはインドの場合でしたら、ヒンドゥー教徒が八割以上の国ですから、少数者のムスリム（イスラム教徒）に対する様々な攻撃があったりするのですけれども、そういうイスラム教徒、あるいは何々族みたいなカテゴリー、抽象的な他者に対する暴力というのがこういう暴動みたいなもの

ついて、その後の報道や朝日新聞取材班編『妄信――相模原障害者殺傷事件』（朝日新聞出版、二〇一七年）によって、植松容疑者が二〇一三年四月に常勤職員として採用された際に配置されたユニット（居住スペース）「生活2課のぞみホーム」には侵入していないことを知りました。ただ、常勤採用以前に臨時的任用職員として配属された「生活3課つばさホーム」では犯行に至っています（『妄信』一九頁、二五～二六頁）。施設職員として自身が担当するユニット以外の入居者をまったく把握していない、ということも考えにくいのですが、現段階ではわからないことが多いです。「植松がどれだけ『顔と名前が一致する人』を刺したのか」という問題については、今後の裁判で明らかになるかもしれません。報道を追いかけたいと思います。

7　荒井による追記②：この発言箇所について、その後の報道で、拘置所内の植松容疑者が「心失者」といった言葉で障害者を新たにカテゴライズしていることを知りました。

8　横田弘『障害者殺しの思想』（増補新装版、現代書館、二〇一五年）には次のような一節がある。

の背景にはあると言われてきたのですが、しかし、九〇年代以降のヒンドゥー教徒とイスラム教徒のインドにおける対立を見ていくと、そんな簡単なものじゃないんですね。隣近所のよく知っている人を殺している。

　あるいは有名な例で言うと、アフリカで起きたツチ族とフツ族の抗争ですね。これも大量殺人というのが起きるのですが、これも、知っている人を殺したりしている。こういうカテゴリー分けだけではすまないなにかの殺意という問題が、実は、様々なところに秘められているというのが、現代社会としてちゃんと向き合わないといけない問題だと思うのです。


「障害者を肉体的、精神的に社会から抹殺しようとしているのは、決して国家に代表される権力機構だけではなく、障害者福祉を大声で言い続けている革新政党、『障害者』解放を権力闘争への一過程として組み入れている新左翼の諸君を含めた、もっと言うならば、私たちを此世に送り出した直接の責任者である筈の親の心にゆらめく健全者の黝い炎群のなかに見据えない限り、障害者運動の出発はありえないのではないだろうか。」（二八〜二九頁）

■「純粋」を求めるスピリチュアリティー

中島　ちょっとだけ時間をいただければと思うのですが、さきほどちらっと「安倍昭恵問題」のことを言いましたけれども、この問題と私が相模原事件で考えている問題とがつながっていると言うのは、こういうことなんです。

　相模原の事件後に『週刊金曜日』に書いた[*9]のですけれども、相模原事件を起こした植松という人のメンタリティーといいましょうか、ものごとの考え方には四つの特徴があると思っています。

　思い出していただきたいのが、彼は衆議院議長宛てに手紙を書いている[*10]んですね。それを一生懸命届けようとして、議長公邸まで行って追い返されたりしているのですけれども。そこで、書いているものをトータルで見てみると、まず一つは非常に強い陰謀論というものに染まっている。特にフリーメーソンですね。詳しく話していると時間がなくなるので

9　『週刊金曜日』に書いた：「相模原殺傷事件と平成ネオ・ナショナリズム（「相模原障がい者施設殺傷事件」が突きつけること）」（『週刊金曜日』二〇一六年八月二六日号）。

10　衆院議長宛てに手紙を書いている：植松容疑者は犯行の約五カ月前、衆議院議長・大島理森に「犯行予告」とも受け

やめておきますが、イルミナティーというカードにすべてのことは書かれているのだみたいな、そういう陰謀論に非常に強く動機づけられている。

二つめに、右派ナショナリズムですね。これも非常に強いです。彼はツイッターをやっているのですが、例えば翁長知事（対談当事）に対する非常に強い中傷のツイートをしたりとか、あるいは、在日コリアンに対する偏見とかをツイッター上で書いていたりする。そして安倍晋三さんに対して非常に強い思いがあって、この手紙を安倍首相に届けたいという思いを非常に強くもっていたんですね。

それから三つ目にスピリチュアリティーですね。神秘主義と言ってもいいかもしれません。ＵＦＯ体験とか、あるいは、大麻の神秘的な効用とか。こういうことも彼は繰り返し書いている。

で、四つ目にナチズムですね。「ヒットラーが降りてきた」という話があったりしました。陰謀論、右派ナショナリズム、スピリチュアリティー、そしてナチズム。こういうものが彼の特徴として出てくるのですが、これをつないでいるストーリーとはいったいどういうものか、ですね。

私はこういう事件が起きたとき、秋葉原での無差別大量殺人事件[*11]もそうなのですが、なにか理論的な高みから分析して、これが原因ですよということに、自分自身はあまり魅力を感じていないんです。わかった気になることのほうが問題だと思っていて。それよりもその内在的な問いというか、内在的にどう理解すればいいのか、そしてそこから自分というものを照らすことですね、その一部が自分ではないのかというふうに思うことから批評というのをはじめたいと思っています。

それで植松という人はどのように四つの要素をつないでいったのかというと、まず、そ

取れる手紙を渡そうとして議長公邸を訪れている。手紙には「私は障害者総勢470名を抹殺することができます」という宣言めいた文言以下、障害者殺害の実行計画や、実行後に希望する処遇をまとめた「作戦計画」なども記されていた。この手紙文中「是非、安倍晋三様のお耳に伝えて頂ければと思います」という記述がある。

11　秋葉原での無差別大量殺人事件：「秋葉原事件」「秋葉原通り魔事件」とも。二〇〇八年六月八日、東京都千代田区の繁華街・秋葉原で発生した連続通り魔事件。派遣労働者だった加藤智大（事件当時二五歳）が、秋葉原の歩行者天国を二トントラックで暴走して通行人を次々にはね飛ばした後、殺傷力の高いダガーナイフで人びとを襲った。死者七名、負傷者一〇名。加

の根底に自分の人生がうまくいかないという不満があったと思います。自分自身は教員になりたかった。しかし、それにはなれなかった。そして、不本意なかたちで、自分で襲うことになった施設に就職をした。最初はうまくやっているわけですね。しかし、どんどんどんどん現状に対する不満みたいなものが募っていき、それがやがて非常に強い陰謀論と結び付いていく。

この陰謀論に飛びつく人の特徴について、陰謀論研究のなかで言われているのはなにかというと、この人たちは、とにかくなにか邪悪なものが支配をしていて本来あるべきものが歪められているという発想が非常に強いんですね。だから、本来的なものに回帰しようと、それを邪魔している奴たちは取り除いていこうとする。それで邪魔しているのはなんなのかと言ったときに、いろんな陰謀論がそこに入ってくるんだと思うのですけれども。純真なるもの、純粋なるものが本来あるけれども、それが曇っている、それによって自分が阻害されているという発想があるので、どういうことになりがちかというと、純粋なもの、あるいはプリミティブなものに回帰しようという発想が強くなる。この陰謀論者というのがナショナリストになっていくというのが案外多い。「本当の日本を取り戻せ」とかですね。そういうような発想につながっていく。

右派ナショナリズムというのはどうしても陰謀論が強くて、例えば、在特会（在日特権を許さない市民の会）などは在日コリアンの陰謀みたいなことを言ったりしますね。あるいは、日本の左翼とかあるいはメディアによって、真実、本当の歴史が隠ぺいされているというようなことを言ったりしますね。本当のことが隠されている、本当のことにたどり着かなければいけないというかたちで、彼は陰謀論と右派ナショナリズムを接合していった。さらに、そこにスピリチュアリティーというのが入ってくるんですね。

藤被告は、二〇一五年二月に死刑判決が確定した。

自分は本当の世界を見る人間だ。本来的で純粋な世界を知っている人間だ。だからこの世界の常識を超えたパワーにアクセスできる。普通の人には見えない超常現象が見える。UFOが見える。大麻という波動の強い植物によって、本来の世界と接続し、自然と一体化するんだと。そういう話がどんどん入ってくる。その結果、不純物というのはそこから排斥していかなければいけない、というかたちになっていくわけです。そこで、植松にとっての不純物はいったいなにかというと、これが障害者になっていった。そういう論理なんだと思うんです。

しかし、これは植松だけの問題かというと、こういう磁場というのは、実は幅広く存在していると思っています。例えば、安倍昭恵さんですけれども、安倍さんが別にこの犯人と一緒だと言うつもりはまったくありません。しかし、共有している部分があると思うんです。彼女は非常に強いスピリチュアリティーというものに、この数年間どんどんどんどんのめりこんでいき、大麻の効力を積極的に説いたりしている。そういう人なんですね。それと、森友学園を支持するという右派思想みたいなものがずっとつながっている人です。

本来のものに回帰する。もともとこういうエコロジー系の発想は左の人たちの主張で、政治的な主張も脱原発とか左っぽいものが出てきていたんですけども、これらが右派ナショナリズムと直結するというのが現在の様々な回路で見受けられています。昭恵さんの場合は、大地を汚染してはいけないという発想から脱原発の言動が出てきて、汚染されたものは除去したいという発想から、国産のものを食べましょうと一生懸命言うんですね。「UZU（うず）」という居酒屋を経営していますが、そこで無農薬、国産のものを食べましょうと。背景には、汚れた作物である中国のものに対する排斥、嫌だという思いが強固に含まれていたりします。

この問題と非常に隣接していて危ないなと思ったのが、このなかにはお好きな方もいらっしゃるかもしれませんけども、少し指摘しておかなければいけないと思ったのは、三宅洋平さんなんですね。どういうことかと言うと、三宅洋平さんは安倍昭恵さんと最近意気投合していて、問題になったりしました。

彼は障害について語って、一度非常に大きな問題になったことがあります。彼はどういうふうに考えているかというと、汚染物質は除去しないといけない。そして、無農薬だ、というエコロジー系の人ですけれども。障害をもって生まれた人というのは、日本の土壌が農薬、大気汚染による化学物質、電磁波、放射性物質などにまみれていることの影響だと言うんですね。そして「障害をもつ子を産んだ人も、そのことを反省しつつも、その反省を生かしながら、障害者とともにその子を大切にしていこう」と言う。

これ、非常に怖ろしい言葉です。つまり、障害をもつ子を産んだ人は、反省していかなければいけない。そしてその反省を社会で共有しないといけない。じゃあなにを反省しないといけないのかというと、その原因となった様々な近代文明と、農薬とか汚染されたものを身体に取り込んでいること、それによって障害児を生み出したことを「反省せよ」と言っているんですね。近代文明批判や農薬・化学物質などへの反省的態度はわかりますよ。しかし、それが障害児を生んだことを反省せよと迫る姿勢になることには、大きな問題がある。

たぶん、横田さんが生きていたら、まっさきに批判したのはこの問題ですよね。障害児が生まれることを、なんで反省せよと言うのか。それ自体が非常に大きな暴力なんじゃないですか。相模原事件を起こした暴力とあなたの言葉になんの違いがあるんですかというふうに、おそらく横田さんだったら言ったんではないのかと、私は思ったりするんですけれども。少し長くなりました。

■「冷静」でいられる社会の不気味さ

荒井　横田さんは、人の幸・不幸を誰かに決められるべきではないと訴えてきました。「障害があるから不幸だ」とか、「不幸な人生になるに決まっているから障害児は産まないほうがいい」とか、そういった価値観に対して、ものすごく鋭く牙を剥いてきました。だから、いま中島先生がおっしゃったような発言に対しても怒っただろうと思います。

ただ、そういう「障害児は生まれないほうがいい」といった類いの発言って、いつの世にも姿を変えて出てくるんですよね。ちょっと昔の例をあげると、流行作家の水上勉がそうした発言をしました。六〇～七〇年代にとても読まれた小説家です。水上には二分脊椎症という障害のある娘がいて、もっと福祉に予算を回せと政府を批判したことで、福祉分野でも有名人になりました（水上勉「拝啓池田総理大臣殿」『中央公論』一九六三年六月号）。その人が『婦人公論』の座談会でこんなことを言っている。「理想論はむなしいけど、私が言いたいのは、病院でそういう子が生まれた場合に、白いシーツに包んでその子をすぐきれいな花園に持っていってくれればいいということだ。（略）そうしたいまの日本では、どうしても生かしておいたら辛いんだな。親も辛い、子も辛かろう」[*12]。

当時、こうした考えが差別的であるという発想はなかったと思います。だから『婦人公論』のような雑誌に普通に出ていた。むしろ、「障害者の不幸」に対して同情的であることがポジティブに受けとられていた節があります。障害児はかわいそうだから生まれないほうがいいという発想が、障害者に対して同情的であって善いことなんだという風潮があった。

12　この発言がなされたのは『婦人公論』一九六三年二月号掲載の「誌上裁判　奇形児は殺されるべきか」という座談会において。座談会の出席者は、水上の他、小説家の石川達三、医師の小林提樹、評論家の戸川エマ、推理小説家の仁木悦子（仁木にはカリエスの後遺障害があった）。

横田さんたちが最初に怒りの叫びをあげたのは、世の中どっちを向いてもそういう発言ばかりだった頃です。世間が「善」だと思っているような価値観を切り裂いて出てきたのが、横田さんの思想だったわけです。

それから、いま中島先生のお話を聞いていて感じたことがあります。右派ナショナリズムとスピリチュアリティーの接近って、とても恐ろしいことですよね。でも世の中は、その恐ろしさに対して妙に鈍感な気がするんです。不気味なこととか、恐ろしいこととかがあっても、なぜか世の中がざわつかない。そのことがものすごく不気味です。

相模原の事件もすごく不気味なんです。こんな凄惨な事件が起きたのに、なんだか社会が冷静でいられるところが不気味なんですね。これって、もっと怒っていいことですよね。この事件に対して本当に傷付ついている人もいるし、怒っている人たちもいます。でも、一般の世論がなんだか冷静過ぎる。一九人も殺されて二七人もの人が大けがを負っているんですよ。ぼくは国会で非難決議が出されるだろうと思っていたんですけど、なんにもない。植松が書いた衆院議長への手紙は、ほとんど犯行予告ですよね。そんな文章のなかに、衆院議長の名前も首相の名前も出てくる。それなのにスルーされている。これ、もっと怒るべきなんじゃないのかと思うんです。

実は生前の横田さんと話しているときに、ぼくはよく怒られたんです。「荒井君、なんでもっと怒んないの？」って怒られたんです。もっと怒れと。そのとき、ぼくは正直、横田さんが言う「怒る」というのがよくわからなかったんです。いまから振り返ると、自分のなかに怒《いか》ったり闘ったりするための言葉というのがあんまりないのかもしれない。

どういうことかというと、ぼくはいちおう文学研究者なので、「言葉」というものに敏感にならざるを得ないんですけど、この一〇年ぐらいで、障害というものをやわらかく言いかえる言葉、それから「障害者」をやわらかく言いかえる言葉、それから障害をポジティブに言いかえる言葉、あるいは障害者と仲良くするための言葉って、すごく増えたと思います。「障害は個性」だとか、「みんなちがってみんないい」とか、そうした言葉は増えた。でも一方で、障害者の尊厳が傷付けられたときに怒る言葉って、増えていないんですね。障害者が差別されたときに闘う言葉も増えていない。それこそ「優生思想」くらいしかない。

先ほど中島先生がご指摘くださった一九七〇年の実母による障害児殺害事件が起きたとき、母親を擁護する人に対して、横田さんがなんと言っているかというと、「冗談じゃねえ」と言っています。これは明快な怒りですよね。横田さんから言わせると「冗談じゃない」わけですよね。重度の脳性マヒ児が殺されたんだけれど、世間は殺したお母さんのほうがかわいそうで、殺された子どもも愛するお母さんに殺されたんだからよかったじゃないか、なんて言っている。施設が足りないから仕方がない。悪いのは貧困な福祉なんだ。お母さんがかわいそうだ。横田さんは、そういう世論に対して「冗談じゃねえ」と怒っているんです。

相模原の事件が起きたあと、一般世論のなかに「怒る言葉」というものが、あまり出てきてない気がするんですよね。一九人の障害者が殺された。生命の尊厳を蔑ろにされた。そのことへの怒りがなくて、なんとなく「かわいそう」「悲しい」「ひどい」くらいで流されてしまう。ざわつかない。そうした世の風潮が、あの事件を生み出す土壌に関わっているんじゃないか。それが本当に不気味です。そして、そうした風潮にぼく自身も関わっているんじゃないか。そうした点を考えなければならないんじゃないか。

中島　そうですね。ぼくは荒井さんの本を読ませていただいて、横田さんの言葉と荒井さんの言葉がシンクロしていてどっちの言葉だったかよくわかんなくなっているところがすばらしいと思いました。こういうようなさざ波すらたたない社会というか、あるいは冷静でいられる社会に対して、「怒りで全身を取り乱せ」と言っていることが強い印象として残っています。そしてぼくたちは怒ると同時に、その怒る言葉というものの失語的状況におかれたときに、もっと取り乱していいんじゃないかというふうに思ったりしたんですね。

ぼくは相模原の事件が起きて、あの植松という人の写真や様々なものがでてきたとき、一瞬、取り乱しそうになったんです。ぼくは秋葉原事件について書いているんですが、[*13] 秋葉原で無差別殺傷事件を起こした加藤智大《ともひろ》という人を、一生懸命追っかけたんですけれども、彼ともかなりタイプが違うんですね。

どう違うのかというと、一見して、いまのネット用語的、若者用語的に言うならば植松被告は「リア充」なんです。つまりリアルな社会というものに対して、ある程度適応し、それを楽しんでいるような人。確かに思うように人生がいっていないという不満があるものの、決定的な行き詰まりに直面しているわけではない。友達と様々なパーティーに行って楽しんだり、彼女がいたり。見た目も、どちらかというとおしゃれでファッションセンスがあるような若者です。時代にある程度キャッチアップし、そのなかで楽しんでいるように見えるその男がもっていた暴力という問題は、秋葉原事件よりも、もう一歩なにか私が見逃してきている問題があるんじゃないのか。それをどう言語化するのかということで、私は瞬間的には失語的になったんですね。

■「愛と正義」に潜む暴力

中島　こういう取り乱しというのも、私は非常に重要じゃないのかと思うんです。と同時

13　秋葉原事件について書いている：『秋葉原事件——加藤智大の軌跡——』（朝日新聞出版、二〇一一年。二〇一三年に朝日文庫化）

に、先ほどの横田さんの話に少し戻りますと、この殺意のなかにある、単なる暴力ではないもの。それをたぶん横田さんは突こうとしていて、それは綱領の三つ目にでてくる、多くの人に繰り返し言われている「われらは愛と正義を否定する」という言葉なんですね。障害者に向けられた愛とか正義というもののなかに含まれている暴力を告発するというのが、横田さんにとっての非常に重要な指摘だったわけですね。

これをいまどういうふうに受け止めるのかです。少し荒井さんの本からたどっていくと、やはり、障害児を自分の子どもとしてもった親は、どうしても障害が治ってほしいと思う。それが親心として出てくる。しかし、実はその親心が障害者を傷付けている側面があるのではないのか。自分が生まれてきたことで、親を傷付けてしまっているんじゃないかという贖罪意識をもってしまったり、あるいは、このままで生きているのは好ましくないことなんだと思わされたりすること。治らないと生きていく価値がないんだというふうに思いつめてしまうこと。そういう自分の生に対する疑問。これを突きつけられてしまう可能性があるわけですね。さらに親は、社会に出て行って傷付かないようにと考えて、どんどん全ていろんなことをやってしまう。保護してしまう。そうすると、ますます社会との接点を失っていってしまうんですね。

この本のなかで私が身震いした荒井さんの文章があります。「やってもできないに決まっているから、代わりにやってあげる」。これが「代わりにやってあげるから、何もしないで」になり、「なにかしようと思わないで」になり、「私の言うことを聞いて」になり、最後は「自分の意思をもたないで」となっていく。こうなっていったときに、この障害をもって生まれた子どもたちが社会から隔絶されてしまい、そして、いろんな人との交流ができなくなっていく。横田さんはそのことを踏まえたうえで、自分に刃を向けようとする。過剰な保護がもつ「優しさ」や「親の愛」に対して非常に厳しい人だったんですね。

横田さんの文章で言うと、こうなんですね。「自分が社会的に成熟していないということを痛みとともにまずはかみしめる。そして、そのうえで自分から社会経験を奪ったものとはなんなのかを考える。そこから始めていかないといけないんじゃないのか」。最終的に機会を奪う親の「優しさ」とは、「この子は私がいないと生きていけない」という親の想いになり、それは自分が死ぬときはこの子も一緒にみたいな暴力を発動しかねない。その連鎖を断ち切らないといけないというのが、横田さんの非常に厳しい闘いというところにあったんだと思うんですけども。そのあたり、どうでしょう?

荒井　かつては、障害児の最大の理解者は親で、障害児も親の慈愛に包まれているのが幸せで、親が障害児の面倒を見るのが当然とされていたんですよね。でも一方で、自宅の奥深くに隠してお客さんが来ても会わせないとか、親戚の冠婚葬祭にも出さないとか、近所付き合いで「いない」ことになっているとか、そういうことも当たり前のように行われていた。いまもなくなったとは言えないかもしれないけど、とにかく、親が障害者を囲い込んでしまっていた。それは「世間の白い目からわが子を守る」という目的もあるんだけど、守ることと隠すことと一緒になっている。「自分がいないと、この子は生きていけない。だから自分が死ぬときは一緒に」というかたちで、親に殺されてしまった障害者も少なくないわけです。実は、親の「愛」とか「思いやり」が敵なんだと訴えたのも、横田さんたちの運動が最初だったと思います。

青い芝の会の運動って、「能力主義」に対して徹底的に反発したんです。「できること」は善で「できないこと」は悪だという「能力主義」に対しては、徹底的に反発した。人間の価値はなにかが「できる／できない」といったところで線引きなんかできないし、してはならないんだと。でも、一方で、「主体性」とか「自らの意思」というものに対しては、ものすごくストイックに突き詰めているんですね。つまり、自分のことは自分で決めるんだと。「主体性」というものに、どうしてあんなにストイックだったのかというと、やはり親に自分たちのことを一方的に決められてきた体験があったからだと思うんですね。

■社会をざわつかせる言葉

荒井　横田さんは「行動綱領」で「われらは愛と正義を否定する」と書きましたけど、やっぱり「愛と正義」に恨みがあったと思うんです。こうしてあげるのが障害者のため。障害者にはこうしてあげるのが正しい。そうした「健全者」――という言葉を青い芝の会の人たちは使うんですけど――からの一方的な押しつけに、障害者たちは苦しめられてきた。結局は「健全者」にとって都合の良いかたちでなら障害者は生きていてもいいよ、ということではないかと。

相模原の事件の後、「行動綱領」の「愛と正義を否定する」を引き合いに植松容疑者のことを批判する意見もありました。植松は、障害者はいないほうがいい、不幸をつくることしかできない、と言っていた。彼が犯行直後にツイートしたのは「世界が平和になりますように。beautiful japan!!!!!!!」でした。あの凶行も、彼にとっては彼なりの「愛国」「正義」なんですよね。確かに、こんな「愛と正義」はとんでもないことなので、横田さんの「愛と正義」批判の重要性に多くの人が同意するんじゃないでしょうか。

でも、横田さんが批判した「愛と正義」って、実はもっともっと根深い問題なんです。その意味では、やっぱり「わかりやすさ」とは相容れない人でもあるんです。これは横田さんとだいぶ話し合ったんですけど、例えば日本国憲法第一四条の「法の下の平等」[*14]のなかに「障害」という言葉は入っていませんよね。ということは、横田さんに言わせれば、日本国憲法も障害者のことを守っていないじゃないかということになるわけです。

日本国憲法って、本当に多くの人を守ってきたと思います。障害者運動に関わる人たちにも、憲法の「基本的人権」とか「生存権」とか「法の下の平等」を支えに闘ってきた人はたくさんいます。私にとっても、この憲法はとても大事なもので、息子たちの世代にも引き継ぎたいですよ。でも、横田さんに言わせると、憲法だって「健全者」の権力者がつくったものじゃないか、と。これを最初に聞いたときはびっくりしました。聞き間違いじゃないかと思って、しばらく時間を空けてもう一回聞きに行ったんですけども、やっぱり同じような言葉が出てきました。

「法の下の平等」のなかに「障害」が含まれていないことを、みなさんはどう思いますか？私は横田さんと話していて、お応えできずに言葉を飲んでしまいました。横田さんの「愛と正義」批判って、ここまで深いんですよ。横田さんは、「民主主義」もあんまり好きではなかったと思います。安易な「民主主義」がどれだけ危険かを知っていた。だって「健全者」のほうが障害者よりも数が多いし、「健全者」が障害者のことを決めてあげることがよいことだと思われていたわけですから。

横田さんの運動の根っこには、「誰も俺たち障害者のことを守ってくれないじゃないか」という絶望があったと思います。誰も障害者のことを守ってくれない。だから自分たちで自己主張するしかない。それが横田さんの運動理念だったんじゃないか——というのが『差別されてる自覚はあるか』で一番書きたかった部分なんです。横田さんが言う「愛と正義」って、そこまで含むんですよ。なんとなく「障害者への愛とかやさしさとかって胡散臭いよ

14 「法の下の平等」：日本国憲法第一四条第一項には次のようにある。「すべて国民は、法の下に平等であって、人種、信条、性別、社会的身分又は門地により、政治的、経済的又は社会的関係において、差別されない。」

ね」という話じゃない。日本国憲法まで含むんです。その絶望の深さに、どうやって向き合って、どうやって応えていくのか。この本を書いているとき、いちばん苦しかったのはそういったところでした。

中島　いまの話を聞いていても、横田さんの言葉というのは、私たちの社会をざわつかせる、心がざわざわっとしてしまう。場合によっては社会の側が不快になるんですね。なんだよこの野郎、というふうに思う心が生まれてくるかもしれませんね。で、違和感とか様々なものが私たちのなかに交錯してくる言葉というのが、横田さんの言葉だと思うんです。

■「俺の話を聞け」

中島　横田さんは「闘争」に「ふれあい」というルビをふっている方なんですね。直接的にいろいろガンガンぶつかっていく。これ自体が彼にとっては、ある種のふれあいだったんですね。

例えば、横田さんの言葉を参照しながら言うとですね、どうしても障害をもっている人間というのは、介護者の顔色を見て様々な行動をしたり、言ったりすると。しかし、そういうような顔色を見て決めるという状態から脱して、まずは自分の意思をぶつけることが重要なんじゃないのかというふうに言うわけですね。そうすると当然、ケンカになるわけです。けれどもそのケンカが第一歩なんじゃないのか。そう横田さんは考えた。軋轢を起こしながら生きないといけないんだ。でないと、なにか大きな正義や愛と言われるもののなかに、自分の主体というものが埋没させられてしまう。このことにずっと危惧をもっていたのが横田さんで。だから横田さんは車椅子でバスに乗るという問題についても非常に激しい闘争をした。どうしてもそういうことを要求すると、それは障害者のわがままだというふうに言われたりする。けれどそれは本当にわがままなんですか、と問うわけですね。

あるいは障害があっても地域の学校の普通学級に行きたい。これは本当に障害者のもっているわがままだと言えるのか。違うだろうというふうに彼はぶつけるんですね。それを障害者のエゴイズムだと言っているその健常者、健全者のわがままとかエゴイズムとかがあるんじゃないですか、と。

こういうふうにして様々な前提というのを切り崩しながら、闘いながら、しかしそこでふれあいながら、なにか次の一歩を踏み出していこうとする。それが横田弘という人の闘争だったんだろうと思うのですけれども。

荒井　横田さんたちが運動しはじめた頃というのは、障害者はいないものというか、障害者の意見はないものとして扱われていたわけですよね。なにかあっても、障害者本人の意見が聞かれるのではなく、親とか、医療や福祉の専門家の意見が求められる。そうじゃなく、「俺の話を聞け」「俺の存在を認めろ」と怒ったのが横田さんたちだったんですよね。「本人の意見（話）を聞く」というのは、いまでこそ浸透してきましたけど、当時はものすごくラディカルに受け止められたと思います。

■「怒り」と「憎悪」は違う

荒井　ただ、これはぜひとも言っておきたいんですけども、横田さんって厳しくぶつかる人なんですけど、なんのためにぶつかるかというと「ともに生きるため」なんですよね。

何度かお話に出てきた一九七〇年の障害児殺害事件が起きたとき、横田さんたち青い芝の会と最初にぶつかった、神奈川県心身障害児父母の会という団体があるんです。その団体が、事件直後、横浜市長宛てに抗議書を出しています。施設も足りないし療育指導も不十分。こんな状況では、母親が障害のある子どもを殺してしまうのも「やむを得ざるなり行き」[*15]だという抗議文です。それに対して、横田さんはものすごく激しく反発します。この怒りが、横田さんが社会へとぶつかっていったファースト・コンタクトじゃないでしょうか。それで、その意見書を書いたご本人が、のちのち、横田さんの喜寿の祝賀会で祝辞を述べていたりするんです。どういうことかというと、以前は故あって本気で衝突したけれど、神奈川・横浜という狭い地域のなかで一緒に生きている。ケンカはしたけれど、一緒に生きている。ぶつかりながら、共生している。

横田さんたちの「怒り」って、やっぱり共生のための「怒り」なんですね。「憎悪」じゃないんです。「憎悪」というのは共生の拒絶です。相手の存在自体を拒否する感情です。だから「憎悪」には葛藤がないんです。一方的に恨んで憎んで罵るだけですから。でも、「怒り」には葛藤があります。嫌われるかもしれないし、反撃されるかもしれないから怖いんです。でも、異なる事情を抱えた人間同士が生きていくためには、「それをやられたらダメだ」という一線があるわけです。それを守るためには怒らないといけないときがある。

いまは、「怒り」と「憎悪」の区別がつかなくなってきているような気がします。でも、この二つは違うんです。違うはずなんです。横田さんは、やっぱり「怒りの人」ですよ。葛藤しながら「怒った人」です。

15 「やむを得ざるなり行き」：神奈川県心身障害児父母の会が横浜市長宛てに提出した抗議文は、前掲の横田弘『障害者殺しの思想』に引用されている。
「施設もなく、家庭に対する療育指導もない。生存権を社会から否定されている障害児を殺すのは、やむを得ざるなり行きである、といえます。日夜泣きさけぶことしかできない子と親を放置してきた福祉行政の絶対的貧困に私たちは強く抗議するとともに、重症児対策のすみやかな確立を求めるものであります。」（三三頁）

■絶望し抜いた先に見えるもの

中島　そうですよね。これも横田さんの言葉なんですけれども、こう言っているんですね。「今の我々は相手に理解されようとすることよりも、むしろ相手に拒否されることのほうが大切なのではないのか」。これもなかなかすごいですね。生ぬるい理解なんかされない。そのことのほうが大きな問題である。拒否されるほうが、そこからなにかの衝突が起き、彼にとってのふれあいがはじまる。それにかけていこうというのがおそらく横田弘という人であり、横田さんがさらに厳しいのは、その問題を自分の生きるということ自体にも向けていくことなんですね。これがその次の段階にあり、そこが、親鸞とか彼の文学という問題にもつながってくる。

　どういうふうにぶつけていくのかというと、どうしても障害をもっている人のなかには、健全者に近づきたいという気持ちがあるんじゃないかと問いかける。そうするとありのままの自分というものを肯定できず、自分自身を自分が疎外してしまうという問題が生じるのではないか。

　そこには障害をもっている側にある健全者に対する幻想というものが存在すると。だから、健全者の価値観なんかに合わせられない存在であるということをまず提示し、そして、徹底的に開き直ること。それによってはじめてなにかが突破できるんじゃないのか、というふうに、自分に向けていくわけですね。

　しかし、自分に向けていけばいくほど、絶望というものがやはり加速していく。どんどんどんどん絶望していくわけですね。やっぱり、健全者そのものになることができないんだと。世の中から否定されて生きていかなければいけないという絶望をどうしても抱えざるをえない。横田さんは一方で徹底的に絶望しているんですよね。

絶望して絶望して絶望したうえで……絶望することにも絶望するという境地に立ったときに、そこから出てくる言葉というのが、横田弘にとっては、詩ですよね。文学であったり、もう一つは親鸞という問題になっていった。

横田さんの運動という、政治の領域ではなにか救い上げられない絶望の絶望。その先にあるものを、荒井さんはどういうふうに見てお書きになったんでしょうか。


荒井　横田さんの書くものって暗いんですね。本当に暗いんですよ。ご本人はけっこう陽気な方なんですけど、でも書かれたものはネガティブです。いま中島先生が整理してくださったように、絶望して絶望して絶望し抜いた先になにを見出し得るのか、という考え方をする人です。

横田さん世代の障害者たちは、「障害があってかわいそう」とか「障害があるから仕方ない（あるほうが悪い）」とか、そういうふうに「障害」とか「障害者」を否定する価値観を物心つくまでに身に付けてしまっているんですよね。「身に付けさせられている」わけです。そうした社会の価値観をぶち壊そうとすると、まずはその社会の価値観に染まっている自分自身を壊さなければいけない。「障害者でなにが悪い」って開き直るためには、「障害者じゃないほうが良い」という価値観を壊さなければならないけど、自分自身のなかにもそうした価値観が詰まっている。だから、どこか自虐的な要素が出てきます。

でも、自虐だけだと運動というのはできなくて、やっぱり、その先の光みたいなものを求める方向性が出てきます。ちょっとだけ障害者運動史のお話をすると、そうした光の方向に進んでいったのが横塚晃一[*16]という、横田さんの盟友だった人なんじゃないかと思います。横塚さんが書くものって、鋭くてドキッとするんですけど、ほんのり明るいんですね。

16　横塚晃一：第一話＊12を参照。

とても論理的で、かっこいいんです。彼も一時期俳句を嗜んでいましたけど、メインは「運動」なんです。一方で、横田さんは「運動家」というイメージが強かったけど、運動をはじめる以前からずっと詩を続けていた。「文学」が根っこにあるんですね。

横田・横塚は並び称されるんですけど、役割が違ったんだろうと思います。横田さんは、「運動」というかたちで爆発せざるを得ない人間の情念みたいなものを言葉にするのに長けていた。横塚さんは、実際に湧き上がった「運動」を組織化したり、論理化して展開するのに長けていた。

そういえば以前、横田さんに「差別のない社会はあり得るのか」と聞いたことがあるんです。横田さんのお答えは「あるわけない」でした。「健全者」が障害者を差別しない世界なんて、自分が死んで地球が一回ぶっ壊れても訪れることはないんだと。

「差別のない社会」というのは、横田思想的に言うと考えにくいんじゃないか。私が考えるに、横田さんは「差別のない社会」ではなく、差別が起きるたびに乗り越えられる社会のほうがいいし、自分が差別されたときにどう闘うかを考えたほうがいいというお考えをおもちだったんじゃないか、という気がします。「差別のない社会」って、それをめざした瞬間に「そんな小さな差別で波風立てるな」とか「それは差別じゃない。お前の思い違いだ」みたいな抑圧が働くと思うんですね。「ここには差別はないことになっているんだから」という感じで。横田さんたちも、親が障害児を差別するはずがないと考えられていた時代に、親がやっているのも障害者差別だと世に問うたわけです。

そもそも、横田さんは仏教徒です。親鸞の影響を受けています。人間は愚かで、どうしようもない存在なんだと。愚かでどうしようもない人間は、やっぱり差別してしまう。差別してしまう自分を認めろと。そういうふうにしか生きられない自分を受け入れろと。横田さんの発想って、そういうところにあったんじゃないかと思うんです。

■政治は孤独に寄り添えない

荒井　ただ、それは「運動」の論理とは交じわりにくいですよね。「運動」というのは明るい未来が見えたほうが、みんながまとまりやすい。だから横田さんの力学って、やっぱり「文学」のほうにゆく力学だと思うんです。例えば、横田さんが書かれた詩[*17]に、こういったものがあります。

母さんが往きました
ひっそりと手を振りながら
母さんは　往きました
足音は　もう消えました

鴉がないています
二羽の鴉がないています
ジーッと私を見ています

地球は淋しくなりました

「地球は淋しくなりました」って、すごい表現ですよね。「母さん」という一人の人間の

17　横田さんが書かれた詩：横田弘 第五詩集『まぼろしを』（二〇一〇年、「REAVA」叢書三）巻頭詩「鴉」の一部。なお、横田が生前に刊行した詩集は以下の通り。『あゆみ』（一九五八年、「象」詩人クラブ会報印刷所、謄写版）、『花芯』（一九六九年、しののめ叢書九、しののめ発行所）、『海の鳴る日』（一九八五年、しののめ叢書一九、しののめ発行所）、『そして、いま』（一九九三年、「REAVA」叢書一、障害者の自立と文化を拓く会「REAVA」発行）。

消失が、地球そのものを「淋しく」させてしまう。あれだけ「親は敵」とか言っていたのに、なんだかんだで、横田さんのなかで「母」は愛着の対象なんですよね。その愛着の対象に反旗を翻さなければならない葛藤が、また横田さんのなかで詩として結晶するわけです。

「運動」というのは、九九対一だったら九九のほうをとります。でも、「文学」は最後まで一に寄り添うんですね。つまり、この地球がどうなろうと、あなたがいなくて俺は淋しいんだと。そういう発想が「横田弘」なんですよね。横田さんって、運動家、運動家とみんな言うんですけど、ぼくから言わせると文学者とか思想家のほうがしっくりくると思います。

中島　私は保守思想って重要だと思っているんですね。ただし、いまの安倍晋三とまったく真逆のものですけれども。保守の戦後を代表する論客の一人に、福田恆存という人がいます。彼が戦後間もない頃に書いた文章に「一匹と九十九匹と」というエッセイがあるんです。ここでなにを言っているかというと、世の中いろんな問題が起きると、それを合意形成によって解決して調整しようとするのが政治である。つまり、政治は九九匹を調整しながらなんとかやっていく、そういうシステムというのをつくろうとしている、と。下手な政治家は三〇匹の満足しかつくれなかったりするわけですが。けれども、できる限り多くの人を救おうとして、たくさん稼いでいる人からいっぱい税金をとって配分をしていくとか、いろいろなことをやるわけです。それが政治であると。

しかし、政治は百匹を救えないと言うんですね。政治は百匹すべてを救えない。最後の一匹の迷える羊、迷える人間の、その精神とか心の問題には、政治はやはりタッチできないと言うんですね。どんなに世の中がうまくいき、どんなに自分にお金が入ってきても、ぼくは淋しい、ぼくは孤独だ、ぼくは不安だという心を、政治には解決することはできない。

もっと踏み込んで言うならば、ここに政治は立ち入ってはならないというふうに考えたのが福田恆存です。だって百匹を救おうとするとファシズムになるから。人の心とか寂しさまで政治で埋めようとするとファシズム、全体主義になる。そこで迷える一匹とは一体なにが救うのかといったときに、だから文学が必要なんだと言ったんですね。それが文学である。だから百匹全体を救おうとする政治にNOをつきつけるとともに、百匹に寄り添おうとする文学に対しても厳しかった。冷水をかけたんですね。そうであってはならない。その二つの位相の違いというものを理解しなければならない。というのが福田恆存の考えであり、私は非常にそれはよくわかるんです。

ここの文学の論理ですね。そしてその一匹は、ぼくたち百匹の全員の心のなかにあるんですね。いま普通に生きているときは、ぼくたちは九九匹の側で生きているんですけれども、なにか大切な前提が崩れたとき、ぼくたちは、あっと言う間に一匹になっていくわけです。その一匹を誰が救うのかという問題に、横田さんは寄り添おうとした人。それが彼にとっては詩としてしか書けない文章だった、ということなんだと思うんですね。

■「悪人正機」とはなにか

中島　最後に、そこと親鸞という問題は、私は非常につながっていると思っていて、横田さんはやっぱり差別のない社会はできないというふうに考えた。それは人間が不完全だからどうしようもないから、ですね。親鸞もそう考えたんですね。それが「悪人正機」[*18]で言うところの、悪という問題にあるんだろうと思います。親鸞は人間はすべて悪人であるというふうに言いました。ただし、その悪人というのは、なにか罪を犯した者という意味で

18　「悪人正機」：『歎異抄』より「悪人正機」の件。一、善人なほもつて、往生を遂ぐ。況んや、悪人をや。

はありません。例えば、罪という概念がありますけども、この罪という概念を英語に直してみると、案外親鸞の思想ってわかりやすいんですね。

罪というのは英語にしてみると二つの単語があって、一つはcrimeという単語で、もう一つはsinという単語なんです。crimeというのは、いま横にいる荒井さんをぼくが殴ると、刑法上の犯罪ですね。警察に連れていかれる。これは私のcrime(犯罪)になるんですけど、これだけが罪じゃないんですよね。親鸞が考えたのはもう一つのsinという罪で、これは人間が存在すること自体の罪なんですね。例えば、私は今日ここに電車で来たんですけども、時間がなかったので、電車のなかでしゃけのおにぎりを食べていました。しゃけは生物ですよ。命ある存在です。私はさっきしゃけの命を奪ってここに来て、そして、ここでしゃべっているわけですね。

つまり私たちが生きていくこと自体には、どうしようもない暴力や罪というものがビルトインされている、含まれている。そして私たちの生というのは、常に親の性欲という問題と密接に関わっているわけですね。そういうように私たちの命というものには、どうしようもない罪悪というものが含まれている。そのこと自体に自覚的になるということが、親鸞にとっては重要だったんですね。

だからそのことに自覚的になってみると、人間はどうしようもなく不完全であり、無力である。なので、自分の力によってすべてのことを解決するとか、理想社会をつくるとか、そういうような発想をもつこと、これが自力の世界ですけれども、それをやはり疑わなければいけない。それを徹底的に解体し、自分の無力というところに立ったとき、ようやく遠くから弥陀の本願、他力というものがやってきて、私たち生きるものを導いてくれるというのが、親鸞の考えだったんだと思うんですね。

しかるを、世の人、常に言はく、「悪人なほ往生す。いかに況んや、善人をや」。この条、一旦、その言はれあるに似たれども、本願・他力の意趣に背けり。その故は、自力作善の人は、偏へに他力を頼む心欠けたる間、弥陀の本願にあらず。しかれども、自力の心をひるがへして、他力を頼み奉れば、真実報土の往生を遂ぐるなり。

煩悩具足のわれらは、いづれの行にても、生死を離るることあるべからざるを憐み給ひて、願を起し給ふ本意、悪人成仏のためなれば、他力を頼み奉る悪人、もつとも、往生の正因なり。よつて、「善人だにこそ往生すれ。まして悪人は」と仰せ候ひき。

(現代語訳)

一、善人でさえやはり、往生を果すのだ。まして、悪人は言うまでもないことだ。

それなのに、世間の人は、いつも、「悪人でさえ往生する。ましてや、善人は言うまでもないことだ」と言っている。この事は、一応は、理由があるようであるが、本願と他力との趣旨に反している。その訳は、自己の力を信じて善事を行う人は、仏の他力をひたすらに頼りに思う心が欠けているので、阿弥陀仏の本願から外れている。そうではあるがしかし、こういうようなものに、横田さんは寄り添おうとした。この親鸞という窓口を、最後になりますけども、荒井さんはどういうふうにお考えでしょうか。

■どうしようもない「自分」を生きる

荒井　親鸞は浄土真宗の開祖とされていて、「悪人正機」というと浄土真宗というイメージなんですけど、ただ横田さんって、実は日蓮宗（本門仏立宗）なんですね。とても熱心な信徒です。日蓮宗の信徒が親鸞にすごく影響を受けているというのが横田さんのユニークなところなんですが、ちょっと専門的なことなので、このあたりの説明は省きます。

横田さんは、運動をはじめる前にマハラバ村[＊19]という脳性マヒ者たちの共同生活体に参加していて、そこの大仏空和尚[＊20]から「悪人正機」の手ほどきを受けているんですね。大仏和尚が言うには、「悪人正機」の有名な一節「善人なおもて往生を遂ぐ。況んや悪人をや」の「善人」を「自分で自分のことができる健全者」に、「悪人」を「自分で自分のことができない障害者」に当てはめてみろ、と。大切なのは「善人」に近づくことじゃない。それは、ただ「健全者」に認められたいということになって、自分のことを差別する人に近づきたいということになってしまう。それよりも「悪人」としてしか生きられない自分を見つめて、「健全者」的な価値観から外れて生きようと。こうした教えをマハラバ村で受けたと、さっき名前の出てきた横塚晃一さんが『母よ！殺すな』のなかで書いています。

横田さんの「悪人正機」は、ここで「絶望」が強調されるんですね。横田さんのおっしゃっていたことって、ぼくは「一分の一」という言葉で整理するとわかりやすいのかな、と思っています。人って、誰でも「一分の一」としての要素があると思うんですよね。つまり、「他

その自力に頼る心を根本から転換させて、仏の他力をお頼り申し上げれば、真実の浄土の往生を果すことになるのである。

煩悩が十分に具っている私たちは、どのような修行によっても、生死を重ねる迷いの境地を抜け出ることがあるはずがないことを不憫にお思いになって、救い取ろうとされる本願をお起しになった、仏の根本のご意志は、善人よりもむしろ、悪人が仏と成るためなのであるから、仏の他力をお頼り申し上げる悪人こそ、本当に往生できる正しい原因となるのである。それゆえに、「善人でさえも、往生するのだ。まして、悪人は言うまでもない」と、親鸞聖人はおっしゃいました（『新編日本古典文学全集四四』小学館、一九九五年、五三八〜五四〇頁）。

19　マハラバ村：第四話＊7を参照。

20　大仏空和尚：第三話＊11を参照。

ならぬ自分自身」という側面を生きるというか、生きざるを得ないというか、そういった要素があります。障害があってもなくても、「一分の一」としての自分を生きるという点で、人は一緒なんです。とにかく、その「一分の一」としての自分を生きることに対してエゴイストになれと訴えたのが横田弘さんです。

でも、その「一分の一」というのは、かっこよくは生きられません。賢くも生きられません。不完全で、愚かで、どうしようもない「一分の一」としての自分なんです。でも、それを凝視しろと。かっこよくもなく、賢くもなく、不完全で愚かでどうしようもない「一分の一」としての自分という地点から、「生きる意味」とはなにかを見つめ直そう。それが横田さんの思想なんじゃないか。

それが「絶望」につながっていくんです。普通「生きる意味」とかいうと、「働いて家族を養う」とか「経済的に自立した社会人になる」とか、そうしたかたちで語られがちですよね。それって「健全者」的な価値観でつくられた「生きる意味」なんですけど、でも、そうした価値観から障害者も決して自由ではない。すでに色濃く染まってしまっている。だとしたら、そうした「健全者」的な価値観に「絶望」する。そうした価値観に合わせてなんて生きられない自分自身に「絶望」する。自分の価値を一度「ゼロ」にまで落としてしまう。「ゼロ」って、どんなに大きな数字をかけても答は「ゼロ」になりますよね。そうすることで、自分自身のなかにある「健全者」的な価値観から解放されようとしたんじゃないか。

でも、この「一分の一」としての自分を見つめるって、難しいと思うんです。他ならぬ自分自身の痛みや苦しみを凝視するのって決して簡単じゃない。これに関して、ちょっと思い出すことがあります。以前、「非正規雇用」の問題が騒がれはじめたとき、「非正規」

の人の話を聞きました。そのなかに「企業の論理からすれば、人件費を圧縮するのは経営のセオリーだ」と言う人がいたんですね。それがとてもショックでした。なんで、この人が経営者の論理で語っているんだろうと。だって、軽んじられているのはあなたで、苦しめられているのもあなたなんでしょうと思ったんです。「大変なんだ」とか「つらいんだ」という弱音や愚痴ならわかります。でも、そうじゃなくて企業側の論理、自分を差別している側の論理を、まるで経営者や経済評論家のように語ってしまう。他ならぬこの人の痛みや苦しみは、どこにいってしまったんだろう。

横田さんは、「運動」というのは自らの痛みが起点にならなければならないと考えていました。まずは「一分の一」としての、他ならぬ自分の痛みを見つめるところからはじまるんだと。そこから社会を問い直すんだと。だから、「行動綱領」の第一項は「われらはCP者であることを自覚する」と、「自覚」が来ているんですね。

中島 はい、最後の最後なんですけど、そういう横田さんの前提や、あるいは日本の障害者運動のなかに横田弘がいたことの延長上に、おそらく日本特有の障害者運動というものが生まれてきた重要なポイントがあるんだろうと思うんですね。

私はこの分野についてまったく素人なものですから、先日打合せをしたときに、荒井さんや、こちらにいらっしゃる編集者の小林さん（現代書館）に教えていただいたんですけども、アメリカではこういう障害者運動の一つの重要な中核として自立生活運動があり、そのなかで、ピアカウンセリング――障害のある人同士がお互いに平等な立場で話を聞き合い、互いの経験を共有するなかで自己肯定的なものを取り戻していく――を行い、地域で暮らすサポートを当事者自身が行う。そういうような流れが一つの道というか、柱になってきた。つまりアメリカ型の自立生活運動というのがある。

けれども、どうもそれが日本では、横田さんたち青い芝の運動の延長上のところでは、根づいていない。この問題をどう考えるのかといったときに、横田さんの、そう簡単に自己肯定なんていうことを言ってたまるかという、非常に強い、横田さんなりの意思というのがあるかもしれない。それが横田さんの文学的な精神なんだろうと思うのですが、このあたりを最後におうかがいしたいと思います。

荒井 横田さんの思想と自己肯定って馴染まないんですよね。というのも、横田さんは自己肯定という自分自身との向き合い方が、いま言ったような「一分の一」としての自分の苦しみと向き合う態度として十分なものなのか、という疑問をもっていたんじゃないかと思うんです。それは下手をすると、他ならぬ自分自身の痛みや苦しみを見つめないで済むような、自分が差別されているという現実から目をそらすような、そんな態度になってしまうんじゃないか。もちろん、自己肯定というものが一概に悪いというわけではなく、生きていくために自己肯定ってある程度は必ず必要だと思うんです。でも、巨大な刃《やいば》が自分に向けられたときに、自己肯定だけで闘ったり、社会を問い返したりできるのか、という問題があると思うんですね。一度「絶望」を経験した人間がもっている爆発力とか、差別されることへの危機感の鋭さとか、それを社会に問い返すことの大切さとか、そういったものも引き継いでほしい、という願いがあったと思うんです。

中島 ありがとうございました。もう時間が過ぎてしまうので、このあたりにしたいと思うのですが、もう一冊、ここに横田さんのご著書があります。『【増補新装版】障害者殺しの思想』という本。これは四〇年前の横田さんの本が復刊されて、しかも、相模原の事件の後に増刷をされたんですよね。今回このイベントの打合せをしているときに話になったのは、相模原の事件が起きたときに、読み返すものが、まだ横田さんの本だということをぼくたちはどう捉えるのかということですよね。それから横田さんがこの本のなかで主張されたことをどれだけぼくたちが受け止めて、その先へ言葉をつむいできたのかということが、またここに帰るということだとすると、もしかしたら横田さんはもっと先に行ってくれよと言っているかもしれない。けれども、この本が、もちろん増刷されてたくさん読まれることは大変重要なことです。そのことの意味をもう一度噛みしめながら、私たちは現代のなかで、いろんな問題に立ち向かっていかなければならない時代なんだなと思います。そんなときに、荒井さんがこの本を書いてくださって、私は非常に大きな救いといいましょうか、大きな希望というものを感じたしだいでありました。本当に今日はありがとうございました。（拍手）

なかじま・たけし………一九七五年、大阪府生まれ。東京工業大学リベラルアーツ研究教育院教授。『中村屋のボース』（白水社）で、大仏次郎論壇賞、アジア太平洋賞大賞を受賞。著書に『秋葉原事件』（朝日文庫）、『「リベラル保守」宣言』（新潮社）、『血盟団事件』（文春文庫）、『岩波茂雄』（岩波書店）、『下中彌三郎』（平凡社）等。

（本対談は、二〇一七年四月七日に八重洲ブックセンター本店で行われたトークイベントを加除・修正したものです。）

あとがき

■伝記にならない偉人たち

仕事柄、街の書店に足をはこぶ機会が多いのですが、ここ数年は一人でゆっくり本を選ぶということはほとんどなく、家族であれこれ言い合いながら、本探しを楽しんでいます。

小さい子どもと一緒だと、自分の目当ての本をゆっくり見られないという難点はありますが、子どもがいなければ通り過ぎてしまう棚にも足を止めるので新たな発見もあり、これはこれで悪くありません。

小学二年生になった息子は、絵本や仕掛け本のたぐいを卒業し、マンガや図鑑の棚に夢中になっています。その後ろ姿を見て、「マンガや図鑑もいいんだけどさぁ、そろそろ伝記とか物語とかも読めよなぁ」などとぼやいている自分がいて、ふと猛烈な恥ずかしさがこみ上げることがあります。三〇年前には、私もマンガと図鑑ばかり読んでいる子どもでした。

それでもどうしようもないのが「親心」というものらしく（業が深いですね）、書店に行くと、それとなく息子を伝記の棚へと誘導しようとしている自分がいるのですが、先日、そんな攻防戦の最中にあることに気が付きました。どうやら日本の伝記には、戦国武将・政治家・文化人・実業家・教育者などが多いようで、草の根の社会運動に尽力した人物はまったくと言ってよいほど採りあげられていないのです。強いてあげれば、足尾銅山鉱毒事件の告発に尽力した田中正造くらいでしょうか（ただし田中正造は、衆議院議員当選六回の政治家ですが）。

たぶん、どこの国にも、どこの社会にも、庶民と言われる立場にいて、庶民の暮らしといのちを守るために奮闘した「草の根の運動家」がいるはずなのですが、私たちが生きるこの社会は、そうした人たちを伝記という書物で語り継ぐ文化や習慣を持ち合わせていないようです。

伝記というものが、語り継がれるべき偉人の生涯を描いたものだとすれば、「草の根の運動家」たちは、そうした偉人とは認識されにくいのかもしれません。たしかに、こうした庶民の運動家たちは、往々にして「不条理と闘った偉人」ではなく、「調和を乱した奇人」として認識される傾向にあります。

なにをそんな大げさな、と思われるかもしれません。でも、この本で中心的な話題になった花田春兆・横田弘・横塚晃一といった障害者運動のキーパーソンたちも、この「あとがき」を書いている二〇一九年七月一七日現在、ウィキペディアに立項さえされていません(「全国青い芝の会」は立項されています)。

障害者運動家たちのことが忘れられていく。
叫ばれた言葉が消えていく。
残された記録が散逸していく。
積み上げられた思想が摩耗していく。

そもそも、「忘れられる」以前に、多くの人たちに知られてさえいない。

こうした危機感と焦燥感に駆られて、私はこの一〇年ほど、不器用なりにも言葉を紡いできました。「歴史の風化に抗う」と書くと、なんだか仰々しくなりすぎてしまうのですが、ただ、「なかったことにされる」ことには全力で抗いたいと思っています。

■問いに答えず、問いに応える

本書の第三話で、私は「ストーリーテラー」についてお話ししました。

障害者運動は、貴重な思想をたくさん生み出しましたが（その内容は本書のあちこちに出てきました）、そうした財産を広く一般に向けて語り伝えたり、次の世代へと語り継いだりする役割を担う人物が出てこなかったのではないか——というのが私の持論です。

これまでの私は、「障害者運動のストーリーテラーは、障害者運動のなかから出てくるべきだ」と考えていました。しかし、冷静に考えてみれば、これほど無責任な発想もありません。

一九七〇年代の障害者運動家たちにとっては、「街に出ること」や「街で生きること」それ自体が闘いであり、社会に向けた問題提起でした。それだけでも、いのちを削るような挑戦でした。

だとしたら、そうした問題提起を受け止め、その歴史的な意味について考えたり、語り伝えたりする役割は、だれが担ってもよいはずです。

骨身を削って街に出て、声をからして社会の歪みを訴えた人に対し、「じゃあ次は、あなたが言いたいことをもっとわかりやすい言葉でまとめてください。でないと、あなたのことも、あなたが叫んだことも、いつか忘れられてしまいますよ」とは言えません。

もちろん、かつての運動家たちの思想や主張を、安易な気持ちで代弁することは許されません。ぼくも、花田春兆さんや横田弘さんといった恩師・恩人の思想や主張を、軽々に代弁するつもりはありません（そんなの恐ろしすぎます）。

しかし、春兆さんや横田さんから教えていただいたことや、お二人との関わり合いを通じて見たり聞いたりしたことは語り伝えたいし、語り伝えなければなりません。

生前の春兆さんや横田さんから投げかけられ、揺さぶられた言葉が、いまでも私のなかで響き続けています。その一つが、この本のテーマになった「どうして荒井君は、もっと怒らないの？」という問いかけです。

この響きを身の内に感じながら、いまの社会と相対していると、どうしても湧き上がってくる危機感があります。その危機感を、これからも言葉で表し、言葉で伝え続けたい。

「どうして、もっと怒らないの?」という問いかけの、さしあたりの「応え」として、私はそのように考えています。私は個人的に、「答える」と「応える」は、似て非なるものだと思っています。

問いに対して明確な結論を出すのが「答える」なら、「問い」を引き受け続けるのが「応える」ではないか。なにかを終わらせることが「答える」なら、なにかを終わらせないことが「応える」ではないか。そう考えています。

春兆さんも、横田さんも、よくできたお利口な「答え」を求める人ではありませんでした。むしろ、お二人に対して「応えたい」と思う人を楽しみ、そうした出会いを喜ぶ人だったように思います。

お二人からは、私という人間が無意識に身につけてきた常識や価値観を、とことん揺さぶっていただきました。たぶん、お二人も、私が揺さぶられる様子を楽しんでいたんじゃないでしょうか。

そう考えると、大学院生時代の私は、「脳性マヒ運動家のもとに留学した」ようなものだったのかもしれません。本当にスリリングな日々を過ごしました。

これからも、お二人の問いかけに「応え」続けていくつもりです。不器用な私には、それくらいしかできませんから。

■謝辞

ここで、この本に収録された各話の初出をご説明し、刊行のためにご尽力くださった方々に感謝の気持ちを伝えたいと思います。

第一話、九龍ジョーさんとの対談は、「クリエイターと読者をつなぐサイト　cakes」(株式会社ピースオブケイクス)での連載「『青い芝』の戦い」(二〇一八年九月〜一〇月、計六回)がもとになっています。

記事の転載をお認めくださったcakes編集部のみなさま、あらためてお礼申し上げます。また、対談のコーディネート・構成を担当してくださったライターの山本ぽてとさんにも感謝申し上げます。

第二話、尾上浩二さんとの対談は、『季刊福祉労働』一四四号（二〇一四年九月二五日刊、現代書館）に掲載された「否定された存在から当たり前の『生の肯定』を求めて――青い芝の会『行動綱領』をめぐって」がもとになっています。この対談は、二〇一四年二月二七日、ＤＰＩ日本会議の事務所にて行なわれました。ＤＰＩ日本会議事務局のみなさまにも、お礼申し上げます。

第三話、川口有美子さんとの対談は、下北沢の書店Ｂ＆Ｂでおこなわれたトークイベント「相模原障害者施設殺傷事件から、いのちの始まり〜終わりを考える」（二〇一七年五月一二日開催）がもとになっています。貴重な機会をあたえてくださったＢ＆Ｂのみなさま、ありがとうございました。また、当日ご来場いただいたみなさまにも感謝申し上げます。

第四話、原一男さん・小林佐智子さんとの鼎談は語り下ろしです（収録日は二〇一七年八月二一日）。ご新作『ニッポン国ＶＳ泉南石綿村』（二〇一七年）公開を控え、大変ご多忙でいらっしゃるところ、無理にお時間をつくっていただきました。あらためて感謝申し上げます。また、対談の収録にご助力くださった島野千尋さん（疾走プロダクション）にも、お礼申し上げます。

第五話、中島岳志さんとの対談は、八重洲ブックセンターで開催されたトークイベント「相模原事件から親鸞の悪人正機説まで、青い芝の会『行動綱領』から考える」（二〇一七年四月七日）がもとになっています。第五話冒頭にもありますが、このイベントは平日の昼間に行なわれました。にもかかわらず、大変多くの方に足をお運びいただきました。ご来場いただいたみなさまに、この場を借りてあらためてお礼申し上げます。

対談者のみなさんとは、本書に収録しなかった部分も含めれば、膨大な量の言葉をやりとりしました。しかし、それでも、障害者運動について「語り尽くした」という感じはありません。

障害者運動が語り尽くせないのは、単に「奥が深いから」というだけではなく、「いま私たちが感じている生きづらさに響くものがあるから」ではないか。そうした思いを新たにしています。みなさま、また機会があれば、ぜひ延長戦（？）をよろしくお願いいたします。

それにしても、対談というのは刺激的ですね。ときおり「自分ひとりでは絶対に思い浮かばない言葉」を引き出していただけることがあって驚きます。この対談集でお相手いただいたみなさんには、そうした言葉と出会うきっかけを作っていただき、感謝に堪えません。

本書の表紙と各話の挿絵を描いてくださったイラストレーターの木下ようすけさんにも、心より感謝申し上げます。表紙には映画『さようならＣＰ』（第四話参照）の一場面を描いていただきました。街宣活動でメガホンのマイクを握る横田弘さんの姿です。

私が、あのとき、あの場にいたら、横田さんの訴えをきちんと受け止められただろうか。それとも、横田さんのことを「調和を乱す奇人」として敬遠しただろうか。ときどき、そんな自問自答を重ねます。

これからも、こうした自戒とともに研究をすすめていくつもりですが、木下さんのイラストを見ると、なんだか「自らを戒める」ことさえ楽しめそうな気がしてきます。

帯文にも過分なお言葉をいただきました。尊敬する表現者である星野智幸さん（小説家）、畏友ともいうべき齋藤陽道さん（写真家）、ありがとうございました。帯文は本とともに歩き続けます。どうしても、お二人の言葉と歩きたかった。とても、とても、心強いです。

最後になりましたが、この本の企画を立ち上げてくださり、対談の多くをコーディネートしてくださった小林律子さん（元・現代書館）にも感謝申し上げます。

小林さんにお世話になったのは、前々著（『障害と文学――「しののめ」から「青い芝の会」へ』二〇一一年）、前著（『差別されてる自覚はあるか――横田弘と青い芝の会「行動綱領」』二〇一七年）に続き、これで三冊目です。

障害者運動の分野では「最強」の編集者として信頼する小林さんに支えていただいたからこそ、こうした本を出すことができました。普段はかしこまってお礼を申し上げる機会がないので、この場を借りて感謝申し上げます。

小林さんのご退職後、本書がかたちになるまで伴走してくださった向山夏奈さんにもお礼申し上げます。資料のチェックや校正など、いろいろと細かい指示が多くてご迷惑をおかけしたと思います。向山さんのやわらかな人柄と発想に、とても助けられました。

そして、この本を手に取ってくださった方々にも、心よりお礼申し上げます。全部読んでくださった方も、ところどころ読んでくださった方も、いきなり「あとがき」から読んでくださった方も、ありがとうございます。

■最後の最後に、もう一言だけ

「はじめに」でも書いたとおり、また本編でもお話ししたとおり、この社会には、いま、理不尽な差別が横行しています。不気味なことや、恐ろしいことが、すぐ近くで起きています。このまま黙って放っておけば、社会は遠からず、冷たく乱暴な風にとことん浸食されるでしょう。

社会の行く末に、不安や恐れや苛立ちを感じている方には、七〇年代の障害者運動を調べることを強くおすすめします。驚くくらい、「いまの生きづらさ」と通じる部分があるはずです。

また、そうした理不尽さに対して、かつて怒ってくれた人がいるという事実に、きっと励まされると思います。

マンガと図鑑に夢中の息子が、いまの私と同じくらいの歳になったとき、この社会はどうなっているのでしょうか。「人間の尊厳」など、厄介なキレイごととして軽んじられ、嘲笑されているのでしょうか。

だとしたら、私も、私の大切な人も、あなたも、あなたの大切な人も、社会のなかで嘲られ、軽んじられていると思います。

それが嫌だというなら、黙るという選択肢はありません。それぞれの人が、それぞれの力をもち寄って、声をあげましょう。

いま、横田弘さんの言葉が、やっぱり重く響きます。

「どうして、もっと怒らないの？」

二〇一九年七月

荒井裕樹

❖荒井裕樹（あらい・ゆうき）

1980年、東京都生まれ。

2009年、東京大学大学院人文社会系研究科修了。博士（文学）。

日本学術振興会特別研究員、東京大学大学院人文社会系研究科付属次世代人文学開発センター特任研究員を経て、現在は二松學舎大学文学部准教授。

専門は障害者文化論・日本近現代文学。

著書に『障害と文学――「しののめ」から「青い芝の会」へ』、『差別されてる自覚はあるか――横田弘と青い芝の会「行動綱領」』（以上、現代書館）、『隔離の文学――ハンセン病療養所の自己表現史』（書肆アルス）、『生きていく絵――アートが人を〈癒す〉とき』（亜紀書房）がある。


どうして、もっと怒《おこ》らないの？

――生《い》きづらい「いま」を生《い》き延《の》びる術《すべ》は障害者運動《しようがいしやうんどう》が教えてくれる

2019年8月15日　第1版第1刷発行

編著者　荒井裕樹
発行者　菊地泰博
組版　プロ・アート
印刷所　平河工業社（本文）
　　　　東光印刷所（カバー）
製本所　積信堂
装幀　奥冨佳津枝
本文・カバーイラスト　木下ようすけ

発行所　株式会社　現代書館
〒102-0072　東京都千代田区飯田橋3-2-5
電話 03(3221)1321　FAX03(3262)5906
振替 00120-3-83725　http://www.gendaishokan.co.jp/

校正協力・渡邉　潤子
© 2019 Japan ARAI Yuki ISBN978-4-7684-3572-4
定価はカバーに表示してあります。乱丁・落丁本はおとりかえいたします。

本書の一部あるいは全部を無断で利用（コピー等）することは、著作権法上の例外を除き禁じられています。但し、視覚障害その他の理由で活字のままでこの本を利用できない人のために、営利を目的とする場合を除き、「録音図書」「点字図書」「拡大写本」の製作を認めます。その際は事前に当社までご連絡ください。

また、活字で利用できない方でテキストデータをご希望の方はご住所・お名前・お電話番号をご明記の上、左下の請求券を当社までお送りください。

活字で利用できない方のための
テキストデータ請求券
『どうして、
もっと怒らないの？』

海老原宏美・海老原けえ子 著
まぁ、空気でも吸って
――人と社会：人工呼吸器の風がつなぐもの
脊髄性筋萎縮症「型という進行性難病により3歳までしか生きられないと医者に言われた著者の半生記と娘の自律精神を涵養した母の子育て記。障害の進行を成長と捉え、地域で人と人をつなぎながら豊かな関係性を生きる姿は爽風のよう。
1600円+税

佐々百合子 著
あなたは、わが子の死を願ったことがありますか？
――2年3カ月を駆け抜けた重い障がいをもつ子との日々
早期胎盤剥離で脳性マヒとてんかんをもって生まれ、経管栄養となった子の障害を受け容れ、共に生きる覚悟ができた矢先、気管支肺炎で先立たれるまでの葛藤。障害者家族になって初めて実感する社会との深刻な断絶を赤裸々に綴る。
1600円+税

平本 歩 著
バクバクっ子の在宅記
――人工呼吸器をつけて保育園から自立生活まで
難病で、幼少時から人工呼吸器をつけた子（バクバクっ子）の在宅生活の草分けとして、保育園・小・中・高校（普通学校）で学び、親許を離れて介助者との自立生活の道をすべて切り開いてきた著者の半生記。バクバクとは、手動式人工呼吸器の通称。
1600円+税

大熊一夫 編著
精神病院はいらない！（DVD付）
――イタリア・バザーリア改革を達成させた愛弟子3人の証言
世界に先駆けて精神病院をなくし、365日24時間開かれた地域精神保健を実現したイタリア。歴代精神保健局長の証言と映画『むかしMatooの町があった』（本書付録DVD）で、イタリアはいかにして閉じ込めの医療と決別したかを詳解。
2800円+税

新田 勲 編著
足文字は叫ぶ！
――全身性重度障害者のいのちの保障を
脳性マヒによる言語障害と四肢マヒで、足で文字を書いてコミュニケーションをとる著者が、施設から出て在宅生活を始めた70年代からの介護保障運動の歴史を総括。事業所まかせの介護派遣でなく、いのちを大切にする福祉政策を提言。
2200円+税

インクルーシブ教育データバンク 編
つまり、「合理的配慮」って、こういうこと?!
共に学ぶための実践事例集
障害のある子もない子も同じ教室、同じ教材で、楽しくみんなが参加できる教科学習、行事、学級づくり、学校生活の様々な工夫、「共に学ぶ」ための障壁は何かの視点から考えた、合理的配慮の実践30例を統一フォーマットにわかりやすく整理。
1200円+税

柴田靖子 著
ビバ！ インクルージョン
――私が療育・特別支援教育の伝道師にならなかったワケ
同じ水頭症の障害をもって生まれながら、療育→特別支援教育の〝障害児専用コース〟を突き進んだ長女と、ゼロ歳から保育園、校区の小・中学校で〝普通に〟学ぶ長男。二種類の〝義務教育〟を保護者として経験して辿りついた結論は。
1800円+税

（定価は二〇一九年八月一日現在のものです。）

河東田 博 著
入所施設だからこそ起きてしまった相模原障害者殺傷事件
——隣人を「排除せず」「差別せず」「共に生きる」ための当事者視点の改革

元都立施設職員で内部改革の限界を悟り、スウェーデンでノーマライゼーション、施設解体の現実を見た著者が、事件の背景である入所施設の実態を歴史的・社会的・構造的に明らかにし、施設を基盤とした地域移行の限界を示す。

1800円+税

DPI日本会議 編
障害者が街を歩けば差別に当たる?!
——当事者がつくる差別解消ガイドライン

バニラ・エア事件が映し出したように、障害者が差別と感じることは障害のない人にとっては「わがまま」。何が差別で、「合理的配慮」はどこまで提供すべきか、実際に受けた差別事例を分析・整理し、当事者の視点からガイドラインを提示。

1600円+税

鈴木 良 著
脱施設化と個別化給付
——カナダにおける知的障害福祉の変革過程

施設解体過程での当事者運動と親の会が果たした役割と思想、個人への直接給付、権利擁護の在り方のドラスティックな変換(代行決定の後見人制度から支援を受けての本人意思決定へ)等、知的障害者福祉の変遷を網羅的に扱った労作。

3000円+税

竹端 寛 著
権利擁護が支援を変える
——セルフアドボカシーから虐待防止まで

当たり前の生活、権利を奪われてきた精神障害や知的障害のある人の権利擁護をセルフアドボカシー、システムアドボカシー、そして社会福祉実践との関係から構造的に捉え返す。当事者と支援者が「共に考える」関係性構築のための本。

2000円+税

優生手術に対する謝罪を求める会 編
【増補新装版】優生保護法が犯した罪
——子どもをもつことを奪われた人々の証言

「不良な子孫の出生予防」をその目的(第一条)にもつ優生保護法下で、自らの意思に反して優生手術を受けさせられたり、違法に子宮摘出を受けた被害者の証言を掘り起こし、日本の優生政策を検証し、謝罪と補償の道を探る。

2800円+税

原一男+疾走プロダクション 編
『ニッポン国VS泉南石綿村《いしわた》』製作ノート
——「普通の人」を撮って、おもしろい映画ができるんか?

ドキュメンタリーの鬼才・原一男監督23年ぶりの新作。「普通の生活者」を撮ることへの葛藤、運動内のジレンマ。ドキュメンタリー故に撮りこぼした、あるいは撮影後だから語れる被撮影者・監督自身の想いを綴った制作ノート。

2300円+税

森 幹郎 著
証言・ハンセン病
——療養所元職員が見た民族浄化

1950年代半ば、患者・元患者の終生隔離と優生手術を強化する国のらい政策を批判し、差別・偏見のなか社会復帰が困難な回復者のため療養所再編を提起。病の進行で指の神経が麻痺した盲人の点字舌読を支援した青年事務官の回想録。

2400円+税

(定価は二〇一九年八月一日現在のものです。)

荒井裕樹 著
障害と文学
――「しののめ」から「青い芝の会」へ

障害文芸誌『しののめ』の主宰者である花田春兆（俳人、85歳）、「青い芝の会」綱領を起草し鮮烈な健常者文明批判を展開した横田弘（詩人、77歳）を中心に、障害者が展開した文学活動の歴史を掘り起こし、「障害」とは何かを問い直す。♠

2200円＋税

荒井裕樹 著
差別されてる自覚はあるか
――横田弘と青い芝の会「行動綱領」

1970〜80年代の障害者運動を牽引し、「否定されるいのち」の立場から健全者社会に鮮烈な批判を繰り広げた日本脳性マヒ者協会青い芝の会の「行動綱領」を起草、理論的支柱であった故・横田弘の思想とその今日的な意義を探究する。♠

2200円＋税

横田 弘 著／立岩真也 解説
【増補新装版】障害者殺しの思想

1970年代の障害者運動を牽引し、健全者社会に対して「否定されるいのち」から鮮烈な批判を繰り広げた日本脳性マヒ者協会青い芝の会の行動綱領を起草、思想的支柱であった故・横田弘の原点的書の復刊。70年代の闘争と今に繋がる横田の思索。♠

2200円＋税

杉本 章 著
【増補改訂版】障害者はどう生きてきたか
――戦前・戦後障害者運動史

従来の障害者福祉史の中では抜け落ちていた、障害をもつ当事者の生活実態や差別・排除に対する闘いに焦点をあて、戦前から現在までの障害者の歩みを綴る。障害者政策を無から築き上げたのは他ならぬ障害当事者であることを明らかにした。♠

3300円＋税

全国自立生活センター協議会 編
自立生活運動と障害文化
――当事者からの福祉論

親許や施設でしか生きられない、保護と哀れみの対象としての障害者が、地域で自立生活を始め、社会の障害者観、福祉制度のあり方を変えてきた。'60〜'90年代の障害者運動の軌跡を15団体、29個人の歴史で綴る障害学の基本文献。

3500円＋税

中西正司 著
自立生活運動史
――社会変革の戦略と戦術

日本の自立生活運動、障害者政策をけん引してきた著者による、80年〜2010年代の障害者運動の総括。20世紀最後の人権闘争と言われた「障害者運動」が社会にもたらしたものを明らかにする。『当事者主権』（上野千鶴子氏と共著）の応用編。♠

1700円＋税

田中耕一郎 著〈2006年度日本社会福祉学会賞受賞〉
障害者運動と価値形成
――日英の比較から

戦後から現在までの日英の障害当事者運動の変遷をたどり、運動の課題・スタイル・思想、障害概念の再構成、障害のアイデンティティ・障害文化、統合と異化の問題等に焦点を当て、日英の障害者運動の共通性と共時性を明らかにした比較研究。

3200円＋税

（定価は二〇一九年八月一日現在のものです。）